LE VIOL DE L'IMAGINAIRE

DU MÊME AUTEUR

L'ÉTAU. L'Afrique dans un monde sans frontières, Arles, Actes Sud, 1999, rééd. 2001.

Mille tisserands en quête de futur, Bamako, EDIM, 1999.

Aminata D. Traoré

Le viol de l'imaginaire

Fayard | Actes Sud

AVANT-PROPOS

Prise de parole

« Tout est lié. Tout est vivant. Tout est interdépendant », nous enseigne Amadou Hampâté Bâ en se référant aux religions traditionnelles africaines[1]. C'est pourquoi, ajoute-t-il, chaque action a une répercussion qui lui est propre sur l'ordre universel. L'homme doit assumer sa responsabilité quant aux liens – tantôt visibles, tantôt invisibles – dont l'ensemble confère un sens à la vie. De l'animisme, diront certains. De la spiritualité, leur rétorquerai-je, c'est-à-dire cette part d'humanité qui aurait pu nous mettre à l'abri de tant de tourmentes si la marche du monde ne l'avait pas évacuée.

Cette pensée africaine de l'homme dans l'univers a, justement, une fonction : elle nous prédispose à être les acteurs et actrices d'une mondialisation véritablement heureuse parce que profitable à tous, en raison non pas de l'abondance des biens et des services, mais de la diversité des peuples et des cultures en présence.

Les observateurs et les analystes qui interprètent le marasme actuel de l'Afrique en termes de conservatisme et de refus du progrès se trompent. Cette faculté d'établir des

1. Amadou Hampâté Bâ (1970), p. 66. (Se reporter en bibliographie p. 205.)

liens entre les éléments constitutifs de l'univers, dont les êtres humains, et de produire du sens ne laisse aucune société statique. Il y a cinq siècles, nous avions une voie à suivre, un destin à assumer, nous étions mus par un élan véritable vers l'Autre, les autres, le monde. L'Occident a faussé ce jeu relationnel en entrant chez nous par effraction. Depuis lors, nous cherchons nos repères, ces liens et ce sens perdus qui nous réconciliaient avec le passé, le présent et l'avenir. Mais, intraitable, l'Occident revient constamment à la charge et ne cède que pour mieux avancer. Il dépossède et assujettit mais ne veut pas être nommé ni dérangé dans ses certitudes. « Tournons la page, parlons de l'avenir », dit-il. Mais le fossé est devenu précipice. Et de-ci de-là on entend « l'Afrique la pauvre », « l'Afrique l'énigme », « l'Afrique le boulet au pied de l'humanité ».

Ces voix qui étouffent les nôtres voudraient que, dans leur sillage, nous répétions que « nous sommes pauvres », que nous pleurions sur le sort qu'ils nous ont imposé. C'est ainsi qu'elles concluent, sans l'avouer, à l'incapacité congénitale de l'Afrique à imaginer et à faire valoir un modèle, ou même une vision, qui lui soient propres. À ces voix qui décident de notre intégration dans le monde, je réponds « l'Afrique la généreuse », « l'Afrique la martyre », et cependant « l'Afrique la solution ».

C'est tel un tambour à l'aube des temps nouveaux que l'appel de Porto Alegre m'est parvenu. Mon cœur de femme africaine, qui sait pourquoi il pleure, s'est alors mis à chanter l'espérance en exprimant mon rêve d'alternatives à haute voix. Nous étions venus par milliers dans la capitale du Rio Grande do Sul (Brésil), munis de nos histoires de vie individuelles et collectives que nous voulions désormais différentes. Nous nous côtoyions – Rouges, Noirs, Blancs, Jaunes – en peuples arc-en-ciel et solidaires dans cette quête commune d'un monde meilleur, conscients, fiers et respectueux de nos différences qui font le sel de la terre. Je me sentais de mon peuple, de mon continent et de ce monde de « quêteurs » de liens et de sens à la vie. Et je me sentais bien.

Hommage à ceux et celles qui sont à l'origine du premier Forum social mondial de Porto Alegre : Oded Grajew, Francisco Whitaker, Bernard Cassen, Olivio Dutra et Raul Pont. Hommage également à tous les autres, dont Samir Amin et Susan George, qui ont balisé le chemin de l'espérance. Dans mon pays, nous saluons ainsi les hommes et les femmes de courage et de bonne volonté avant de prendre la parole.

J'ai eu la possibilité de parler à cette assemblée de citoyens du monde de l'autre Afrique qui aurait pu émerger et exister n'eût été le viol de notre imaginaire, qui est devenu une constante dans notre rapport à l'Occident. Dans la salle comble où j'égrenais mes mots, il y avait Henri Trubert, des éditions Fayard. Il a eu envie d'en savoir plus sur cet imaginaire à soigner et à réhabiliter. Je me suis alors mise à écrire d'une main, prenant de l'autre le pouls de mon pays et de mon continent. Je plaidais pour le retour à soi, à la fois pour soi et pour un meilleur être au monde. Je cherchais à démêler les liens de l'écheveau en vue de les tisser à nouveau et de redonner ainsi un sens à notre existence.

Et puis survint le séisme du 11 septembre 2001. Par ses secousses telluriques, cette journée tragique a révélé l'ampleur de bien des dimensions cachées de l'imposture et du terrorisme intellectuel dont j'ai toujours souffert et contre lesquels je me défends en écrivant.

La violence politique et institutionnelle bafoue notre souveraineté et ravage nos territoires ; la violence symbolique s'attaque, quant à elle, à notre mémoire et à notre imaginaire. Jusqu'au 11 septembre 2001, les effets conjugués de ces violences nous infligeaient la mort sociale ou la mort tout court, à petit feu, à coups de réformes néolibérales. L'effroi vient, à présent, du recours de plus en plus fréquent des puissants de ce monde à la violence armée. Cette pluie de B52 sur l'Afghanistan, un pays déjà meurtri, en riposte à la tragédie du World Trade Center et de Washington est un scénario qui pourrait se reproduire demain en n'importe quel endroit du Sud. Or il n'est rien de plus destructeur pour les liens sociaux que la guerre. Au lieu de domestiquer la violence comme ils en avaient le devoir et les moyens, les puissants de ce monde l'ont légitimée. Ils ont discrédité les Nations unies, perverti le droit international, qu'ils comptent désormais utiliser contre toute forme de dissidence et de résistance.

À cet égard, les États-Unis se sont surpassés ces derniers temps, plaidant la légitime défense au titre de l'article 51 de la charte des Nations unies. Lorsque l'administration américaine éternue, le monde entier tousse : nos pays, habituellement soumis, comme nos anciennes puissances coloniales ont subitement pardonné au Président des États-Unis tout ce qu'ils lui reprochaient avant les attentats. Et ces derniers ont aussi rendu service au système néolibéral, qui tente, et y parvient dans une certaine mesure, de masquer ses échecs et de justifier d'autres crimes économiques et politiques.

Auparavant, lorsque je voyais les analystes et les critiques européens montrer cette superpuissance du doigt, je me disais : « À oppresseur, oppresseur et demi », car, dans mon pays, le Mali, comme dans les pays francophones en général, l'influence et l'ingérence de l'ancienne puissance coloniale, la France, sont souvent plus visibles que celles de l'administration américaine.

L'américanisation du monde ne fait plus désormais l'objet du moindre doute dans mon esprit. La dénoncer n'est pas manifester de l'anti-américanisme mais accomplir un devoir de lucidité. Il y va du sort de l'humanité et, bien entendu, de l'Afrique. Nous ne pouvons pas et nous ne devons pas laisser aux États, mus par la raison utilitaire, le soin de nous informer sur l'état des lieux en Afrique et la marche du monde. Il nous appartient en tant que peuples de questionner les concepts et les idées qui mènent à l'impasse, voire à l'abattoir.

Le discours dominant sur l'Afrique, qui sert de tableau de bord à nos dirigeants, prétend que notre continent doit impérativement s'insérer dans la mondialisation pour juguler la pauvreté. Il n'est pas pire mensonge : son état de déliquescence résulte précisément de la violence du système mondial et de son dessein à la fois mercantile et déshumanisant. Les termes du commerce avec l'Occident ne nous ont jamais été favorables. L'Afrique n'en peut plus d'assurer matières premières, combustibles et pierres précieuses à une minorité de gagnants.

À l'intérieur de nos frontières, nous tentons, depuis la chute du mur de Berlin, de renverser cette tendance en portant au pouvoir des hommes et des femmes que nous choisissons. Dans ce livre, je remonte aux années 1960, au temps où le rêve et l'utopie étaient permis, pour montrer comment s'est mis en place ce processus. L'alternance politique – qui a été obtenue au prix fort au Mali, où 300 personnes ont péri en mars 1991 dans des manifestations contre le régime militaire en place – n'est pas synonyme d'alternative au chômage, à la misère ou à l'exclusion. Dans nos pays sous ajustement, le défi du pouvoir est autre, et c'est à ce sujet que j'interpelle les élus.

Il apparaît que l'opposition classique à tel ou tel régime au niveau local est certes nécessaire mais nettement insuffisante quand il s'agit de changer les règles du jeu mondial.

Les élections locales et nationales, sources de tensions sociales, de haine et provoquant la paralysie des économies, se sont jusqu'à présent révélées sans issue, précisément parce qu'elles sont encouragées, financées et supervisées par les maîtres du monde, qui ont décrété qu'il n'y a pas d'alternative au néolibéralisme. Ni eux, ni la classe politique locale qui leur sert de relais ne tolèrent la pensée critique. Les droits humains, le peuple et sa participation aux prises de décision ? De la pure rhétorique. Le peuple est trop loin, trop lent, sa mobilisation trop chère et trop compliquée pour des gouvernants et des bailleurs de fonds qui ont surtout besoin de soigner leur image.

J'ai eu la malencontreuse idée de dénoncer ce système de l'intérieur en tant que ministre à un poste qui ne m'avait été confié que pour me museler. J'ai appris comment et pourquoi une société civile africaine forte tarde à émerger. Le fait d'être femme ne change rien à l'affaire. J'ai été farouchement combattue tant par des hommes que par d'autres femmes qui ne jurent que par l'ouverture immédiate du Mali aux investisseurs étrangers. À qui profite cette dernière ? À tout le monde sauf au peuple malien.

La réhabilitation de notre imaginaire violé est donc un enjeu à la fois économique, politique et civilisationnel. Je le pensais déjà en janvier 2001 à Porto Alegre, je le pense davantage aujourd'hui au regard des dégâts provoqués par les événements du 11 septembre 2001 dans les relations Nord-Sud. Et ce ne sont pas les tournées des représentants américains et de leurs alliés dans les pays musulmans dans un but d'explication et d'autojustification qui viendront à bout du sentiment profond d'injustice et de mépris culturel que décèlent les populations du Sud dans la riposte du monde dit « libre ».

Je dénonce toutefois l'amalgame entre notre combat et l'islamisme radical, qui est aussi totalitaire que le système-monde contre lequel il lutte. Autant la spiritualité participe au retour sur soi et à soi, qui me paraît essentiel, autant l'intégrisme, de quelque nature qu'il soit, est à réprouver. Les citoyens du monde doivent agir en stratèges et recentrer le débat sur le caractère monolithique et nécessairement autoritaire de l'ordre néolibéral qui, en voulant transformer nos économies et nos sociétés à notre insu et à nos dépens, détruit notre vision du monde et de nous-mêmes. C'est en cela que l'enjeu de la réhabilitation de notre image est également civilisationnel.

Pour Amadou Hampâté Bâ, « toute société donnée, dès l'instant où elle présente une unité de comportement dans le temps et l'espace, basé sur un système cohérent de connaissances hérité de ses ancêtres et transmis de père en fils, relatif à une certaine vision du monde, on peut dire qu'une telle société représente un type de civilisation qui lui est propre. Dans ce type de société, la "marche en avant" ou l'évolution possible peut ne pas être tournée vers la conquête du monde extérieur, mais vers la recherche ou l'accomplissement d'un type d'homme parfait dont le modèle est l'ancêtre, ou le héros initiateur, fondateur du clan[1] ». L'Occident s'est affranchi de cette forme de référent, qui continue cependant de nourrir l'imaginaire de bon nombre de peuples et de conférer à l'action humaine une dimension morale.

Je ne suis pas en train de dire que le passé était un paradis ; j'essaie simplement de rappeler à l'Afrique qu'elle doit savoir puiser dans son patrimoine culturel et socioreligieux. Je le rappelle plus particulièrement aux miens, les Malien(ne)s, actuellement victimes des fausses promesses

1. *Ibid.*, p. 67.

et des errements de la démocratie, devenue un instrument d'autojustification et de propagande néolibérale au profit de la communauté des créanciers et d'une minorité de nationaux. Et pourtant ce pays est présenté comme une démocratie exemplaire par les nations « donatrices », qui espèrent soigner l'image du système en Afrique en camouflant ses carences, en montrant au reste du continent et à l'opinion occidentale que démocratie et néolibéralisme font bon ménage sous les tropiques.

Tâchons de soustraire nos pays à l'empire et à l'emprise du mensonge. « Tout sauf les armes » est l'une des initiatives de l'Union européenne dans ses rapports avec le continent. À notre tour, proposons aux maîtres du monde le mot d'ordre suivant : « Tout sauf le mensonge » – le mensonge à propos de nous-mêmes, de notre rôle dans la production des richesses dont nos peuples sont aujourd'hui privés, des séquelles de l'esclavage et du principe de la réparation, de la colonisation, des programmes d'ajustement structurel, de la dette extérieure et des modalités de son annulation, des règles du commerce mondial, des droits de l'homme et de la démocratie. Davantage de vérité et d'éthique dissipera les nuages qui assombrissent le ciel, avec leur lot de peurs et de haines.

1

L'autre, si loin, si humain

Vous qui croyiez Tombouctou rebâtie
Là-bas aussi des rêves saignent au pied des buildings
Là-bas aussi des larmes ruissellent au long des jours
Et le fleuve noir toujours charrie l'écume d'or.

Bernard DADIÉ

Ainsi, nous ne sommes pas leurs semblables, même devant et dans la mort. Une coalition internationale véritable et sincère contre l'indifférence, l'injustice et le racisme aurait pu mettre notre planète à l'abri de bien des horreurs et de la peur de l'autre. Il n'est peut-être pas trop tard.

Il était cinq heures à Bamako, la capitale du Mali. Altina s'était assoupie, juste pour reprendre des forces. La journée avait été longue et éprouvante. Quand elle revint à elle, la jeune femme dogon se précipita vers l'enfant fiévreux sur lequel elle veillait. De ses mains tremblantes, elle tâta le corps de Sékou. La température avait considérablement baissé. L'enfant était moins agité ; il était, en fait, sans vie. Le souffle des ancêtres s'était retiré pendant qu'Altina dormait. Elle regrettait d'avoir cédé au besoin de sommeil, s'en prenant tantôt à elle-même, tantôt au sort qui avait fait d'elle une femme « aux mains nues ». Elle se mit à masser le corps déjà froid de son enfant. Les larmes coulaient à flot. On venait de lui arracher une partie de sa chair. Était-ce un bras ? un œil ? une oreille ? Non, c'était pire. Cette douleur n'était pas localisable. Elle était indicible.

Il faisait encore sombre dans la chambre. Soudain, à cette douleur atroce s'ajouta la frayeur : Altina venait de se souvenir que Bouba, le frère cadet de Sékou, traversait lui aussi une crise de paludisme[1]. Elle se tourna vers la natte sur laquelle il dormait et constata que, comme son frère, il se débattait contre la mort. Elle avait de plus en plus peur. Elle s'empara du corps frêle, tremblant et brûlant de l'enfant, le serra contre son sein comme pour le protéger du sort qui se montrait si cruel, le même soir, au même endroit, contre elle seule. Mais le sort n'entendit rien. Il arracha Bouba à Altina, qui n'avait plus qu'à déposer auprès du corps déjà froid de l'aîné celui, tiède, du cadet. Ravagée par la douleur, elle se précipita dans la cour et poussa un cri strident qui tira subitement du sommeil tous les locataires de sa cour et ceux des concessions voisines. La consternation fut générale dans son entourage.

Altina vivait seule avec ses quatre enfants, dont la première, une fille de douze ans, était bonne dans le quartier. Laya, son mari, était allé tenter sa chance à l'étranger. Était-ce en Côte-d'Ivoire ? Était-ce au Ghana ? Altina ne le savait pas. Il n'avait pas donné signe de vie depuis son départ, il y avait trois mois de cela. Sékou, qui était son second enfant, avait neuf ans. Altina n'avait pas les moyens de faire face à des frais de scolarisation et l'avait inscrit dans une école franco-arabe, une médersa. Bouba, le troi-

1. Le paludisme, qui tue un million de personnes par an en Afrique, est la première cause de mortalité au Mali.

sième enfant, avait sept ans. Il n'allait ni à la médersa ni à l'école ; il mendiait, de temps à autre, au carrefour. Le dernier enfant d'Altina était une fillette de deux ans. Elle dormait profondément au moment où ses deux frères s'en allèrent. Comme pour l'arracher à cette chambre maudite et la mettre à l'abri, Altina la souleva par le bras, d'un seul geste, la posa sur son dos et l'attacha solidement tout en pleurant.

L'entourage d'Altina se mobilisa. Pendant que les femmes veillaient sur elle, les hommes prenaient soin des deux corps en attendant l'arrivée des parents et des ressortissants du village d'Altina, dont Seydou, un de ses frères, qui travaillait avec moi.

Cette nouvelle d'une cruauté inhabituelle me parvint au moment où je quittais Bamako pour Durban, en Afrique du Sud, où allait se tenir la Conférence mondiale contre le racisme. C'est Seydou, qui devait se rendre à l'enterrement des deux enfants, qui m'en informa en me demandant de l'autoriser à s'absenter pour le reste de la journée. À mon retour, je rencontrai Altina qui me fit le récit de cette nuit tragique où, selon ses propres termes, Dieu fut son seul témoin. J'ai le devoir d'en rendre compte pour dire qu'ici aussi les cœurs sont en pleurs, que, comme Altina, des milliers de femmes africaines, asiatiques, arabes, sud-américaines enterrent chaque jour des enfants qui meurent de faim, de malnutrition ou de maladies guérissables. La communauté internationale est parfaitement consciente de cette tragédie humaine qui se déroule loin des caméras. Les femmes elles-mêmes meurent en couches, par centaines, dans des hôpitaux ou loin de tout centre de soins. Il y a aussi ces innombrables morts vivants faute d'emplois, de revenus et de perspectives, souvent condamnés à l'exil, une fuite à l'issue incertaine et parfois tragique.

Il n'y a jamais eu d'union sacrée face au sort, de plus en plus lamentable, des peuples déshérités et désespérés du Sud. Nos voix sont à peine audibles. L'humanité s'est installée dans une situation où les cœurs, toujours plus désabusés et asséchés, ne s'émeuvent – et encore – que lorsque la mort frappe brutalement la multitude, de préférence à New York ou Washington. L'intensité et la sincérité de l'émotion sont fonction du statut social et économique des victimes et – nous venons de l'apprendre – du prestige du lieu où le malheur survient. Tout se passe comme si certaines vies valaient mieux et plus que d'autres, comme si la mort seyait mieux au Sud qu'au Nord.

Ce triste constat vaut particulièrement pour nous, les Africains. « Les Noirs ont-ils une âme ? » est la question que les hommes de race blanche, s'estimant supérieurs, se posaient au XVIe siècle à notre sujet. « Polémique fondamentalement vide de sens, relève Joseph Ki Zerbo, puisque, s'ils n'en avaient pas, la traite était légitime. Et s'ils en avaient une, elle restait légitime ; car l'inclusion de ces âmes dans l'Église pour leur salut devenait une mission louable. [...] Donc : oui à la traite, mais à condition de convertir les esclaves. [...] Malgré les options claires de certains pays ou théologiens contre la traite des Noirs, le baptême devint le passeport des négriers vers le bois d'ébène : il incluait les Noirs dans la communauté des chrétiens, mais *ipso facto*, par le statut d'esclave[1] », c'est-à-dire celui d'une sous-espèce.

Qu'est-ce qui a fondamentalement changé, depuis le XIXe siècle, dans ce questionnement de la race blanche quant à la race noire et, d'une manière générale, aux non-Blancs ? Rien, hormis l'appellation et la nature des enjeux en Occident : l'argent roi a pris le pas sur la religion, et la commu-

1. Joseph Ki Zerbo (2001).

nauté à laquelle il est question d'être éligible n'est plus celle des chrétiens mais celle du libéralisme triomphant. Les gagnants et les défenseurs de ce système sont convaincus que le salut des peuples d'Afrique passe par la mondialisation néolibérale. D'où la mission du Fonds monétaire international (FMI) et de la Banque mondiale[1] : depuis plus de deux décennies dans le cas de la plupart des pays africains, ils infligent des souffrances indicibles à des populations qui n'ont pas demandé à être converties et qui, même si elles le voulaient, n'auraient ni les moyens, ni la liberté d'embrasser la religion dominante : l'argent. À l'instar des maîtres d'hier – négriers, maîtres d'esclaves et colons –, ceux du jour se permettent de sanctionner et de priver des populations entières de leur droit à l'éducation, à la santé, à l'eau potable, à l'emploi. La prédation et la déshumanisation ont gagné en sophistication depuis la chute du mur de Berlin.

Les événements qui se sont succédé ces derniers temps, dont les attentats du 11 septembre 2001 à New York et Washington, sont, à cet égard, à la fois édifiants et effarants. Il y a eu le triste et tumultueux sommet du G8 à Gênes, en juillet 2001. Un échec. Et puis la conférence de Durban contre le racisme. Un autre échec. À peine commencions-

1. Le Fonds monétaire international (FMI) et la Banque mondiale sont deux institutions nées de la conférence des Nations unies tenue à Bretton Woods en 1944. Le FMI est dirigé par des représentants des ministères des Finances nationaux des États membres. Sa mission est d'assurer la stabilité du système monétaire international. Les États-Unis y jouent un rôle tout à fait prépondérant. Depuis les années 1980, il subordonne ses concours à l'adoption de réformes macro-économiques d'« ajustement structurel » (voir note 1 p. 34 sur les programmes d'ajustement structurel). La Banque mondiale compte 181 membres et regroupe, outre la Banque internationale pour la reconstruction et le développement (BIRD), associée au FMI dans la mise en œuvre des mesures d'ajustement structurel, l'AID (Agence internationale pour le développement), chargée de l'aide aux pays les plus pauvres, et la SFI (Société financière internationale), chargée des financements au secteur privé.

nous à nous remettre de la déception due à la mauvaise volonté et au manque de vision des maîtres du monde que l'impensable se produisit. La très puissante, la très influente et surtout l'intouchable Amérique était frappée en plein cœur, de plein fouet et en plein jour par une forme de violence et de souffrance qui n'arrive, généralement, qu'aux autres. Choqués et stupéfiés, ces autres ont tourné le regard vers l'Amérique en flammes et en larmes en compatissant à sa douleur.

L'instantanéité avec laquelle nous avons été saisis, en Afrique comme dans le reste du monde, par l'ampleur et la gravité de cette tragédie est à la dimension du pouvoir de la société de l'information. Elle venait de nous placer tous, de manière brutale, devant notre humanité, notre vulnérabilité et notre responsabilité. Alors que la nouvelle du décès des enfants d'Altina, survenu à l'aube dans un quartier de ma ville, ne m'est parvenue qu'en début d'après-midi, celle de l'effondrement des tours jumelles de Manhattan m'a été communiquée aussitôt : « Capte vite CNN, on dirait qu'il est arrivé quelque chose de grave aux USA », m'a dit mon frère Djiby par téléphone. J'en ai fait autant à l'endroit de différents amis et parents. Nous assistâmes, ce 11 septembre 2001, en direct, comme le reste du monde, à des scènes que nous aurions aimé ne jamais voir. Des milliers d'innocents s'éteignaient, là-bas, loin d'ici mais sous nos yeux, ensevelis par des milliers de tonnes d'acier et de béton.

Et puis, à mesure que nous parvenaient les images, se faisaient entendre des mots et des propos aussi ravageurs que l'attentat lui-même. Les officiels américains statuaient sur l'acte et sur ses conséquences sociales, économiques, financières et autres en se gardant de formuler la seule question qu'il eût fallu poser immédiatement : « Pourquoi les États-Unis ? » Soucieuse d'occulter cette interrogation suicidaire, l'administration américaine se posa en victime, cria à la vengeance et déclara aussitôt la guerre à un ennemi qu'elle n'allait pas tarder à nommer, à condamner et à pourchasser à travers la planète au nom de la liberté et de la civilisation. En faisant référence à la religion et à l'appartenance raciale des attaquants sans analyser les faits qui avaient pu exposer les États-Unis à ces attentats-suicides, la Maison-Blanche ajoutait à la tourmente du monde.

Les tours jumelles de Manhattan venaient de s'effondrer une seconde fois en mettant à nu la pensée profonde de nombreux dirigeants du Nord et en emportant cette fois-ci avec elles le peu d'illusions qui nous restait quant à la capacité des nations nanties à l'autocritique et à la prévention des conflits sur des bases durables. Nous nous étions imaginé, pendant quelques instants, que la tragédie du 11 septembre allait être l'occasion d'une leçon d'humanisme et de tolérance. Il est clair à présent que le monde est littéralement piégé par un discours sur les droits humains, la justice et la liberté qui cache mal les enjeux de pouvoir rongeant les élites politiques. « Vois-tu, me dit mon ami Taoufik Ben Abdallah qui m'appelait de Dakar, Bush et son équipe vont jusqu'à nous priver de notre droit à compatir à la douleur des citoyens américains. »

En plus du déni de notre droit à la compassion et à l'humanité, nous constations avec effroi, à la faveur de ce séisme aux multiples dimensions, que les pires tragédies peuvent servir d'instruments d'autojustification et de repositionnement tant pour les dirigeants politiques que pour les institutions à l'image ternie comme la Banque mondiale. La manœuvre est d'une grande subtilité et d'un cynisme à nul autre pareil. Des milliers d'innocents sont morts pour des raisons qui auraient dû être élucidées et méditées pour une meilleure gouvernance à l'échelle mondiale.

L'administration américaine, la première interpellée, ne s'en est donné ni le temps ni les moyens. L'État le plus puissant de la planète, qui en revendique le leadership, répond à la haine par la haine et, plus grave, incite le reste du monde à en faire autant à ses côtés. De ses gros sabots, l'administration Bush, blessée dans son orgueil et désireuse de parachever son hégémonie, frappe aux portes de tous les États de la planète et « demande » leur aide. Ces derniers s'exécutent avec plus ou moins d'empressement selon les retombées qu'ils entrevoient et les risques qu'ils encourent. Mais tous ont peur de déplaire aux États-Unis. Comment faut-il appeler cette crainte, celle que l'État le plus puissant du monde inspire aux autres ?

Le déséquilibre des rapports de force entre nations riches et nations pauvres qui s'exacerbe ainsi est particulièrement préjudiciable à l'Afrique. Ce continent, qui a déjà payé en vies humaines avec l'attaque en 1998 des ambassades américaines à Nairobi (Kenya) et Dar es-Salaam (Tanzanie), risque de voir sa situation s'aggraver à travers la justification supplémentaire du délit de faciès, la diminution de ses recettes en devises et l'exacerbation des tensions socioreligieuses qui, sporadiquement, secouent certains pays[1].

Mais la Banque mondiale va vite en besogne quand elle affirme que l'Afrique sera la plus touchée par les conséquences de l'attentat. Elle estime que « plus de dix millions de personnes devraient voir leur revenu tomber sous un dollar par jour en raison de la baisse des prix des matières premières, qui devrait dépasser les 7,4 % prévus initialement », et

1. En octobre 2001, la ville de Kano, au Nigeria, a enregistré l'un des mouvements de protestation les plus sanglants contre la riposte américaine en Afghanistan.

que « plus de la moitié des décès d'enfants supplémentaires auront lieu en Afrique »[1]. Le prix que nos pays vont devoir payer, si lourd soit-il, ne peut en aucun cas occulter la responsabilité de la Banque mondiale ni celle du Fonds monétaire international dans le marasme économique et politique du continent. Ne nous en remettons plus aux pronostics de ces institutions incompétentes, qui fuient leurs responsabilités quant à l'état des lieux en Afrique.

Altina aurait pu soigner ses enfants si, dans le cadre des réformes économiques, ces institutions n'avaient pas dessaisi les États de leur responsabilité dans l'assainissement et dans les soins de santé primaires, entre autres choses. Pour être conséquents, le FMI et la Banque mondiale auraient dû et devraient plutôt se poser la question suivante : « Et nous-mêmes, qu'avons-nous fait et que faisons-nous pour que les enfants soient moins vulnérables ? »

Selon Aimé Césaire, le monde dit « libre » a renversé les uns après les autres les remparts en deçà desquels la civilisation européenne pouvait se développer librement : « Eh quoi ? Les Indiens massacrés, le monde musulman vidé de lui-même, le monde chinois, pendant un bon siècle, souillé et dénaturé, le monde nègre disqualifié, d'immenses voix à jamais éteintes, des foyers dispersés au vent, tout ce bousillage, tout ce gaspillage, l'Humanité réduite au monologue, et vous croyez que tout cela ne se paie pas[2] ? »

L'Afrique, qui a toujours privilégié la « palabre » sans jamais bénéficier de l'écoute ni même du respect de l'Occident, doit désormais réfuter le discours dominant et trompeur des institutions financières internationales

---

1. Dépêche AFP (Jean-Louis Doublet) : « Banque mondiale : moins de croissance veut dire plus de pauvres », 1er octobre 2001.

2. Aimé Césaire (1989), p. 55.

(IFI) qui sont à son chevet. Nous ne devons en aucun cas laisser les nations nanties nous distraire davantage en nous faisant miroiter des principes qui ne valent que lorsqu'ils servent leurs intérêts. Attentats ou pas, les nations riches et les institutions financières internationales forment depuis longtemps une coalition contre les peuples anciennement colonisés, dont elles ont besoin comme parts de marché pour écouler leurs biens et services et pour se ravitailler en matières premières à bas prix.

L'impasse dans laquelle se trouve le continent africain résulte, comme on le sait, d'une longue histoire de violence armée, politique et symbolique, qui ne s'estompe que pour renaître sous des formes plus sophistiquées. Mais, contrairement au pillage des ressources naturelles et à l'ingérence politique qu'engendrent souvent les conflits armés, les blessures symboliques ne se révèlent pas d'emblée et ne se sont pas vu accorder toute l'importance qu'elle méritaient. Ainsi, les diagnostics sur la situation de l'Afrique sont la plupart du temps incomplets et les remèdes inappropriés ; nous ne sommes pas soignés et nous ne parvenons pas même à nous mettre à l'abri d'autres meurtrissures. Cette aliénation n'a jamais été regardée de près depuis la disparition prématurée de l'inoubliable Frantz Fanon, qui l'avait décelée et décrite à merveille.

Les maîtres du monde sont en train de nous prouver encore une fois qu'ils ont des intérêts à sauvegarder mais aucun projet humaniste à faire valoir, ni aucun remède à offrir aux blessures de l'âme dont souffrent les peuples du Sud en général, et l'Afrique en particulier. Nous sommes les seuls et véritables détenteurs de tels remèdes. En ces temps de tourmente, de violence et de mensonge, ayons donc l'audace et le courage de les explorer, d'imaginer d'autres mondes, de renouer ainsi avec l'espoir et l'utopie qui nous animaient en Afrique dans les années 1960.

2

1960, je me souviens

Et le coq a chanté sur la tombe de l'ancêtre.
Et le coq a chanté sur le front de la pirogue.
IN-DÉ-PEN-DANCE.

Charles NGANDE

Qu'est-il donc advenu du monde nouveau dont nous avons ensemble rêvé en Afrique, il y a quarante ans ?

C'était en 1960, je m'en souviens. L'indépendance avait la saveur de mes treize ans : pleine de promesses. Les adultes y croyaient, ils exultaient en jurant que plus rien ne serait comme avant. Fait surprenant, ma mère et mes tantes – qui, généralement, ne parlaient que des tâches et de la vie domestiques – analysaient la situation politique, prononçaient les noms de personnes qu'elles ne connaissaient que de loin mais en qui elles plaçaient leur confiance et leur espoir. Elles découvraient la vie publique. J'entendais, pour la première fois, ma mère parler d'avenir et d'une responsabilité nouvelle à assumer. Moi, femme en devenir, j'étais tout ouïe. Je savourais l'optimisme des adultes. Ils disaient, déjà à l'époque, à leur manière, qu'un autre monde était possible. « Désormais nous nous appartenons, nous choisirons et déciderons pour nous-mêmes », martelaient hommes et femmes.

Ces paroles, à l'époque nouvelles et fraîches, demeurent présentes en moi. Tapies dans un coin de ma mémoire, elles refont surface chaque fois que j'ai le sentiment qu'il y a démission, trahison ou déchéance de la part de ma génération d'Africain(e)s.

Je n'avais que treize ans en 1960, mais l'expérience que j'avais, déjà à cet âge, de la différence raciale et de l'altérité était suffisamment humiliante pour justifier l'engagement et le combat. Six années auparavant, un fait du hasard avait forgé mon destin de femme africaine.

Au cours d'un jeu d'enfants devant notre maison, j'avais heurté le bras d'une de mes camarades, qui s'était écriée : « Aïe, tu me fais mal ! », et avait ajouté avec une pointe d'orgueil : « On m'a vaccinée. Je dois aller à l'école. » Deux mots nouveaux venaient d'enrichir mon vocabulaire : vaccin et école. Je m'étais aussitôt engouffrée dans notre vestibule en courant vers ma petite maman, qui savait convaincre mon père, et lui avais dit : « Je veux être vaccinée pour pouvoir aller à l'école. » Elle m'avait regardée un instant l'air étonné par cette demande, plutôt inhabituelle dans notre environnement familial. Aucune de mes trois sœurs aînées ne l'avait formulée et personne n'y avait jamais songé.

En accédant à ma demande, mes parents venaient de contenter un caprice d'enfant, sans grande conviction quant à mon devenir de fille scolarisée et de femme. Mon père, qui était agent des postes et télécommunications et avait inscrit ses cinq fils à l'école, était certes sceptique mais nullement opposé à la scolarisation de ses filles. Ma mère, elle, craignait de les exposer aux multiples dangers d'un monde extérieur en voie d'occidentalisation, redoutant notamment les expériences sexuelles prématurées, les maternités précoces et le retardement de l'âge du mariage.

La décision fut prise, le même jour, de me vacciner. La première manche étant gagnée, restait la seconde : trouver une place disponible dans l'école de mon quartier, Médina-coura, où les inscriptions étaient closes – tout comme dans les quartiers les plus proches, Bagadadji et Missira. Cette impossible mission fut confiée à l'un des fils adoptifs de notre famille, Issa Traoré. Assise sur le porte-bagages de son vélo, je me cramponnais des deux mains à sa taille tandis qu'il pédalait d'une école à l'autre. Je me mettais à pleurer chaque fois qu'on lui signifiait qu'il était trop tard pour s'inscrire.

Après avoir tenté notre chance, sans succès, dans quatre établissements, Issa prit la décision de se rendre à l'école Maginot, qu'il avait d'abord écartée car physiquement et socialement distante de notre quartier. Située à plus d'une heure de marche de chez nous, c'était l'école des enfants blancs et métis des colons et de ceux des quartiers environnants, notamment Bamako-coura et Ouolofobougou. Il restait à l'école Maginot une place, qu'Issa obtint sans difficulté. Mais il s'inquiétait pour moi en raison de la longue distance que j'allais devoir parcourir à pied quatre fois par jour. Pendant que je tentais de le rassurer, il sourit, amusé et intrigué par ma détermination.

Une fois inscrite à l'école, j'ai bénéficié du soutien de toute ma famille. Mon frère aîné notamment, Major, qui était infirmier à l'IOTA[1], m'aidait à apprendre mes leçons en me tirant les oreilles quand je me montrais distraite. Je n'étais pas pour autant dispensée des menus travaux domestiques habituellement confiés aux enfants de mon âge :

1. IOTA : Institut d'ophtalmologie tropicale d'Afrique.

balayer et évacuer les déchets tôt le matin avant d'aller à l'école, porter des navettes de fils aux tisserands, remettre l'argent de la tontine[1] à telle ou telle personne, aider ma mère à écouler ses pagnes tissés et couvertures les jours fériés au grand marché, etc. Mon insertion, par ces voies, dans l'univers des femmes de mon milieu était pour mes parents une manière de ne pas miser entièrement sur l'école, dont on sortait, selon eux, « mi-fauve, mi-oiseau » en cas d'échec.

Je découvrais parallèlement, à l'école Maginot, un autre monde, totalement différent, à la fois exaltant et frustrant. Dans cette école de filles, les enfants noires que nous étions ne bénéficiaient pas des mêmes avantages que les enfants métisses et surtout blanches des colons. Certes, nous étions plus proches des métisses, avec lesquelles nous partagions les mêmes salles de classe, les mêmes maîtresses d'école et la même cour de récréation. Mais, en tant qu'enfants des quartiers « indigènes », nous devions venir à l'école à pied, sous un soleil de plomb, acheter de la nourriture vendue en plein air, devant l'école, tandis que les métisses étaient à l'internat où l'administration coloniale prenait soin d'elles : logement, uniforme, nourriture, y compris le goûter matin et soir, soins de santé, études surveillées, etc. J'étais impressionnée, quelquefois mélancolique, mais pas malheureuse outre mesure parce que le chemin de l'école était un autre univers, qui lui aussi avait son charme. Nous marchions à plusieurs en nous racontant des histoires et en découvrant mille et une choses sur la route. Nous nous bagarrions, subissions la tyrannie des aînées qui nous faisaient porter

1. En Afrique, la tontine est une association de personnes qui versent régulièrement de l'argent à une caisse commune, dont le montant est remis à tour de rôle à chaque membre. Le terme désigne également le montant lui-même.

leur sac d'école rempli de cahiers, mais nous finissions toujours par nous entendre.

Plus impressionnant que l'univers des métisses était celui des enfants blanches que nous voyions descendre de voiture, embrasser leurs parents avant d'entrer en courant dans leur école, contiguë à la nôtre. Alors qu'aucun mur ne séparait nos deux cours de récréation, nous ne jouions jamais avec elles. Nous nous observions, nullement insensibles les unes aux autres mais tout simplement campées dans nos différences, déjà à cet âge, qui est en principe celui de l'innocence, de la découverte de l'autre et du monde.

Ainsi je prenais, malgré moi, conscience d'une réalité cruelle, inconnue des enfants de ma condition qui étaient restés dans les écoles de quartier : le regard hautain de l'autre qui, du seul fait de la couleur de ma peau, voulait que je m'incline et rase les murs. Je grandissais, j'aimais ma peau, que je tenais des miens. J'aimais ma vie, à laquelle j'essayais de donner un contenu ainsi qu'un sens, et voici que, gratuitement, surgissait dans mon imaginaire d'enfant un ordre nouveau, différent et injuste.

En six ans, je ne fis la connaissance que d'une enfant de colons. Elle n'habitait pas loin de l'école et ses parents la laissaient de temps à autre marcher à pied. Nos regards se sont croisés un jour tandis que nous marchions côte à côte, en silence, vers l'école. À un moment donné, nous nous sommes souri. Désireuse de connaître de plus près ces « enfants gâtés » du fait du statut de leurs parents, je me suis approchée d'elle et lui ai demandé son nom en souriant. J'ai senti qu'elle avait besoin d'être rassurée ; en effet, souffrant de la discrimination, il n'était pas rare que certains de mes camarades lancent des grossièretés aux enfants de colons. Nous avons, par la suite, échangé quelques propos et cheminé plus d'une fois ensemble vers l'école. Puis, un jour, elle m'invita chez elle. J'entrevis pour la première fois, de la porte d'entrée, l'intérieur d'une maison de Blancs, des manières d'être, de vivre ainsi que des objets qui m'étaient inconnus. Mon « amie » – j'aimais bien l'appeler ainsi et m'en vanter à la maison ou auprès des autres enfants – avait toujours avec elle une gourde en plastique transparent qui contenait du sirop tantôt rouge, tantôt vert dont la seule vue me donnait soif. Sa mère la lui remettait le matin en l'embrassant. Ce geste, ou plutôt cet étalage d'affection, me plaisait. Je pouvais toucher ses cheveux et elle les miens. On s'amusait bien. Je réalisais ainsi que tous les Blancs n'étaient pas nécessairement arrogants et racistes, et que l'amitié était possible entre eux et nous. Je n'ai plus jamais douté de moi-même ni de ces vérités. Mais cela ne changeait rien au fait que les racistes que l'on comptait parmi eux empoisonnaient notre existence de peuples à la peau couleur d'ébène. Et ils étaient nombreux et nocifs. Je sus que je devais me battre comme les adultes quand j'en aurais l'âge. Que pouvait-il m'arriver de mieux dans ces circonstances que d'assister à l'avènement de la République du Mali ?

La substitution du nom de Mali à celui de Soudan français fut l'une des expressions les plus fortes de la volonté de rupture des premiers dirigeants de mon pays avec le système colonial. Les hommes et les femmes nouveaux que nous étions devenus ressentaient une folle envie d'explorer et de se réapproprier leur passé, faute de quoi toute rupture véritable aurait été insupportable et suicidaire. La nuit de la proclamation de l'indépendance fut, à cet égard, décisive et mémorable. Nous nous sommes mis, ce soir-là, à l'écoute de notre pays, de notre histoire et de nous-mêmes. Le vieil aède Bazoumana Sissoko nous restitua le passé du Mali avec l'éloquence et la force de conviction qui le caractérisaient. Il rappela que le pays dont nous célébrions la naissance tenait son nom d'un empire qui avait vu le jour au Xe siècle en pays mandé et qui, à son apogée au XIVe siècle, s'étendait de l'Atlantique aux confins du Sahara.

Aux jeunes gens de ma génération qui venaient de franchir le seuil de l'école au lendemain de l'indépendance, l'occasion allait s'offrir, à la lumière des sources écrites et au contact d'enseignants maliens et africains engagés, comme Ly Baïda, de relire l'Histoire et de forger notre jeune et nouvelle conscience politique et historique. Nous apprenions, de même que par les chants et récits des griots, que nous venions de quelque part, que nos ancêtres n'étaient pas les Gaulois, comme on nous l'avait enseigné à l'école primaire, mais des hommes et des femmes debout qui avaient résisté aux descendants de ces derniers.

Il m'arrive souvent de repenser à ces années où tous les espoirs semblaient permis, et de m'interroger sur les politiques, les hommes qui les ont mises en œuvre et les circonstances de leur échec. Les dirigeants de la Première République s'étaient engagés sur la voie du socialisme, qui leur semblait bonne parce que conforme aux intérêts économiques et politiques du Mali, à nos réalités. La création de valeur ajoutée aux produits agricoles par des entreprises nationales pourvoyeuses d'emplois et aptes à répondre aux besoins alimentaires de la population était l'un des principaux axes de la construction du nouveau Mali.

C'était pure folie, nous apprend-on aujourd'hui. Et, pourtant, que penser de ces confitures et de ces jus de fruits naturels – mangue, goyave, tomate, tamarin – que nous dégustions avec bonheur ? Et que serions-nous devenus, les Maliens et Maliennes de ma génération, n'eût été la politique de dépenses publiques de l'époque qui nous a assuré gratuitement un enseignement de qualité, des fournitures, des soins de santé, un internat et des bourses d'études ? Pourquoi a-t-il fallu et faut-il encore que les trois quarts des enfants qui nous ont emboîté le pas à l'école soient aujourd'hui privés de ce minimum requis ?

Des analystes et des observateurs libéraux ont qualifié le régime socialiste de Modibo Keita de « dictatorial », et la volonté politique de privilégier les intérêts du peuple malien qui le caractérisait de « choix économique désastreux ». De fait, la Première République n'a pas atteint ses objectifs, comme la quasi-totalité des États africains qui ont vu le jour sous la guerre froide. Le tort de la première génération de décideurs maliens fut de tenir tête à la France en nationalisant les entreprises existantes et en en créant d'autres de même statut, en recentrant la production sur les besoins des consommateurs, en se dotant d'une monnaie nationale – le franc malien –, en fermant les bases militaires françaises. La France, défiée, a torpillé le Mali en quête de liberté et d'autonomie. La coopération avec le bloc de l'Est fut interprétée, selon le jeu des alliances de l'époque, comme une trahison qui n'allait pas rester impunie.

La gestion interne a, elle aussi, suscité des frustrations, le mécontentement et, pour finir, la contestation. Dans ce pays où la majorité des actifs vivait du commerce, l'État a eu le tort de confier le monopole des importations et des exportations à la SOMIEX[1]. Le consommateur malien qui lorgnait la situation des pays voisins et amis de la France, en l'occur-

1. SOMIEX : Société malienne d'importation et d'exportation.

rence la Côte-d'Ivoire et le Sénégal, ne pouvait que se sentir lésé : tandis qu'il était condamné chez lui à gérer la pénurie, l'abondance régnait dans ces pays, dont les produits entraient en contrebande au Mali.

Au plan macroéconomique, l'État n'a pu combler ses déficits budgétaires. Le coût de la vie a doublé entre 1962 et 1968. Le mécontentement était particulièrement prononcé en milieu rural, où les innovations du régime en matière de production (champs collectifs) et de commercialisation des produits par voie de coopératives heurtaient les intérêts immédiats des paysans. Le Mali dut finalement revenir dans le giron de la France avec la signature, en 1967, des accords de coopération monétaire. Le franc malien fut dévalué de 50 % le 6 mai 1967.

En moins d'une décennie, l'expérience malienne d'un développement endogène centré sur la valorisation des ressources locales et la satisfaction des besoins prioritaires de la population s'était essoufflée. Le coup d'État militaire survint en novembre 1968.

La Deuxième République devait déconstruire le système antérieur en commençant par libéraliser le commerce. L'ouverture au marché allait se faire sur la seule base de l'exportation de matières premières et de l'importation de produits manufacturés. Le peuple malien pouvait de nouveau consommer des produits importés et assister au bradage de dizaines d'entreprises laborieusement mises en place. Les privatisations allaient bon train, d'autant plus qu'elles permettaient à l'État de renflouer ses caisses et à la classe dirigeante de se servir et d'entretenir la clientèle. Les clivages entre riches et pauvres s'accentuèrent tout au long des années 1970, tandis que l'encours de la dette extérieure gonflait.

Au plan politique, le régime militaire, qui devait n'être que transitoire, s'est incrusté tout en parlant de démocratie. Le programme d'ajustement structurel[1] lancé en 1982 a laissé la majorité des jeunes diplômés dans la rue, condamné des milliers de travailleurs au chômage et détérioré davantage les conditions de vie. Ainsi, les institutions de Bretton Woods, qui donnent aujourd'hui des leçons de démocratie et de bonne gouvernance au Mali comme aux autres pays surendettés, ont pris appui sur un régime militaire gangrené par la mauvaise gestion et la corruption en sachant pertinemment qu'il pouvait ne pas faire un bon usage des emprunts.

Le mouvement de démocratisation, qui était d'abord et avant tout un courant de protestation du peuple contre les abus politiques et économiques des années 1980, aboutit en mars 1991 à la chute du régime militaire. En 1992, le Fonds monétaire international et la Banque mondiale se posèrent dans le nouveau paysage politique à la fois en juges du régime déchu et en alliés – mais néanmoins gendarmes – du nouveau gouvernement.

La Troisième République du Mali, comme dans les autres pays africains qui s'essaient à la démocratie, a été d'emblée piégée par le système capitaliste en voie de conso-

1. Les programmes d'ajustement structurel (PAS) désignent les politiques que se voient imposer les pays en développement par le FMI et la Banque mondiale en échange de leur aide financière. Ces politiques comportent des mesures conjoncturelles d'austérité (baisse des dépenses publiques, augmentation des impôts…) et des mesures dites structurelles d'ouverture des frontières, de libéralisation et de privatisation. Pour obtenir l'équilibre à court terme de leur budget, ces pays sont conduits à sacrifier leurs investissements à rendement de long terme (infrastructures, santé, éducation…), qui conditionnent leurs seules chances de démarrage, cependant que leurs économies, peu compétitives, doivent s'exposer à la concurrence des pays les plus développés.

lidation. La chute du mur de Berlin avait une force suffisamment dissuasive pour faire renoncer les États qui auraient eu envie de se soustraire à la tutelle des institutions de Bretton Woods. Il n'y avait, apparemment, qu'une voie à suivre, celle de l'ouverture totale à l'économie de marché. Épaulée par le FMI et la Banque mondiale, la Troisième République s'y engouffra. Les missions des experts et des fonctionnaires de ces institutions se succédaient et décidaient du sort du Mali à l'insu du peuple malien. Les goulots d'étranglement que sont le niveau d'endettement du pays et l'exigence d'une économie tournée vers l'exportation ne firent l'objet d'aucun débat de fond, tandis que l'espoir placé par le peuple malien dans la démocratie s'effritait. La mise en œuvre des mesures néolibérales obéissait non pas au souci de satisfaire les besoins des populations maliennes, mais à la volonté de protéger des intérêts étrangers. La déception était totale en janvier 1994, quand survint la dévaluation du franc CFA[1], dont les ménages n'ont pas fini de subir les conséquences.

L'espoir des populations de jouir de conditions de vie meilleures s'érodait en même temps que leur pouvoir d'achat. Le dénuement matériel auquel les avaient réduites les régimes successifs devint le cheval de bataille du gouvernement et de ses « partenaires au développement » sous l'appellation de « lutte contre la pauvreté ». Ensemble, ils convinrent d'éradiquer cette dernière non pas en annulant la dette extérieure et en mettant un terme aux PAS, mais en « bricolant » de manière à garder le cap sur le marché sans que la grogne sociale n'y fasse obstacle. « Notre code d'investissement prévoit des cas d'exonération, la fiscalité a été simplifiée et allégée à divers niveaux ; nous accordons

1. Aujourd'hui, 1 FF = 100 francs CFA.

des avantages ponctuels en fonction de la nature et de l'importance de l'investissement[1] » : telle est la réclame du gouvernement, qui fait les yeux doux aux investisseurs.

L'agriculture malienne, fortement dépendante de la pluviométrie, couvrait difficilement les besoins de la population, mais le Mali démocratique et libéral choisit d'investir à fond dans le coton, dont il était en 1997-1998 le premier producteur en Afrique subsaharienne. Les autorités de la Troisième République proclamèrent leur ambition de promouvoir le rôle des petites et moyennes entreprises dans la transformation locale des matières premières. Dans la pratique, elles exportèrent la quasi-totalité (99 %) du coton produit pendant que des milliers d'artisans, dont les tisserands, venaient grossir les rangs des nouveaux pauvres.

Tout comme l'« or blanc », l'or jaune a donné lieu à un processus de dépossession du Mali. Plusieurs sociétés étrangères, notamment sud-africaines et canadiennes, ont investi dans les mines les plus rentables du pays. L'or a ainsi supplanté les autres richesses minières : diamant, fer, lithium, etc. Le programme d'assistance de la Banque mondiale dans ce secteur reposait, et repose toujours, sur une déclaration de politique minière établissant clairement le désengagement de l'État au profit du secteur privé.

Ainsi, contre toute attente, l'alternance politique aura servi à légitimer et à consolider les mécanismes de prédation et de paupérisation du peuple malien. Ce schéma n'est bien entendu pas spécifique aux Maliens et aux Maliennes ; comme eux, leurs frères d'infortune du reste du continent ont les mains vides.

---

1. *Interfrance Media* (1999), p. 1.

3

Les mains vides

La plupart des interventions sociales en faveur des « pauvres » visent à consolider les fondements économiques de la société des « non-pauvres ».

Majid RAHNEMA

À en croire le discours misérabiliste et condescendant des experts et des bien-pensants, dont ceux de nos propres pays, la pauvreté serait la principale caractéristique de l'Afrique noire, qui par conséquent devrait être ravitaillée en biens et services et réformée encore et encore. Tel est, comme dirait Césaire, le « mensonge principal à partir duquel prolifèrent tous les autres[1] ».

Quelque quinze jours après l'enterrement de ses deux enfants, Altina me rendit visite. Elle était maigre. Sa fille de deux ans dormait contre son dos, solidement attachée, la tête penchée sur le côté. Elle devait être lourde à porter vu la démarche dandinante de sa mère. Altina ne s'était pas remise du choc de la perte de ses deux enfants. Elle me fit remarquer que c'étaient ses deux seuls garçons qui lui

1. Aimé Césaire (1989), p. 8.

avaient été arrachés ce soir-là. Elle se demandait ce qu'elle allait pouvoir faire désormais, sans source de revenus, et si cette enfant qu'elle portait ne risquait pas de connaître le sort de ses frères.

Altina, comme la plupart des mères africaines, s'imaginait qu'en grandissant ses garçons seraient à même de se battre et de la prendre en charge, ainsi que leurs sœurs et les femmes qu'ils épouseraient. Son mari, dont elle était toujours sans nouvelles, n'avait du reste fait qu'obéir à ce principe en émigrant. Il ne restait plus à Altina qu'à trouver de petits boulots. Elle avait bien pensé à vendre des fruits, comme de nombreuses jeunes femmes de son ethnie, mais les fruits sont lourds à transporter et difficiles à conserver en cas de mévente. Elle opta donc pour la lessive, qu'elle pouvait faire en prospectant de maison en maison.

Mais qui est donc cette femme ? Les experts en « lutte contre la pauvreté » qui pullulent vous diront, sans hésitation, qu'elle est pauvre si ses petites activités de survie ne lui rapportent pas plus de 104 791 francs CFA par an, et extrêmement pauvre si elle en retire moins de 63 201 francs CFA. Et pendant qu'ils échafaudent les stratégies qui, théoriquement, devraient permettre de traquer et de juguler la pauvreté, la situation empire. Le Mali est en danger car le discours dominant, hypocrite et mensonger, nous empêche de voir clair en nous et autour de nous.

Si l'Occident s'était contenté de dérober des biens matériels, la reconquête et le retour de l'Afrique à elle-même, sa réhabilitation et son repositionnement sur l'échiquier politique et économique mondial n'auraient pas été une telle gageure. Mais, pour asseoir sa domination, l'Occident doit croire en sa propre suprématie et la proclamer haut et fort en ravalant nos peuples au rang de pauvres, contraints, pour se rapprocher du monde des « non-pauvres », de lui emboîter le pas. En somme, après avoir été ses esclaves, ses colonisés, ses tirailleurs, nous sommes aujourd'hui ses pauvres et nous acceptons ce sort en nous laissant couler dans des moules qui ont pour noms ACP[1], PMA[2], PPTE[3]. Nombre de pays africains, comme le Mali, ont le triste privilège d'être les trois à la fois.

Altina et les autres déshérités de l'hémisphère Sud sont avant tout victimes de cette violence politique et symbolique, dans la mesure où ils sont gouvernés par des États qui s'approprient allègrement et revendiquent ces typologies, lesquelles sont autant de manières de les priver de leur droit à penser leur propre destin.

L'instrumentalisation de la pauvreté consolide les mécanismes de l'aliénation culturelle et de la dépossession. Elle est la pire des mésaventures qui pouvaient nous arriver dans les circonstances actuelles. Nous revenons de loin. L'esclavage et la colonisation ont consisté à nous détruire de l'intérieur, à tuer la confiance que nous nous devons d'avoir en nous-mêmes. La décolonisation ne nous a pas permis de nous reconstruire à l'intérieur et de l'intérieur. Et comment y parvenir à présent lorsque les maîtres du monde nous somment de nous reconnaître en tant que pauvres parmi les pauvres et de poursuivre les dangereuses mesures qu'ils nous prescrivent ?

Détrompons-nous : nous ne sommes pas pauvres, mais appauvris et leurrés. Et l'issue au marasme et à l'humiliation est dans la lutte contre le système néolibéral, lequel sécrète et orchestre la rareté qu'il prétend corriger. Il n'est ni dans sa nature ni dans ses objectifs de soulager le plus

1. ACP : Afrique, Caraïbes, Pacifique.
2. PMA : Pays moins avancés.
3. PPTE : Pays pauvres très endettés.

grand nombre. Si ses théoriciens et ceux qui en font l'éloge s'en défendent, il suffit de les conduire auprès des centaines de millions de femmes qui, comme Altina, sont condamnées à vivre au jour le jour de petits boulots tous aussi précaires les uns que les autres, à mendier ou à se prostituer.

Il s'agit, pour le Mali et pour l'Afrique, d'envisager la perspective qu'offrent l'histoire et l'anthropologie, comme le fait remarquer Majid Rahnema : « Dans cette autre perspective, les sociétés antérieures à l'âge économique nous apparaissent comme des sociétés qui, soit ne connaissaient pas de "pauvres" (Marshall Sahlins), soit en avaient beaucoup, mais dont la condition n'avait rien de commun avec ceux et celles que l'économie moderne tend à catégoriser comme tels. [...] Tout le monde vivait avec peu de "choses". Mais rares étaient les personnes qui se considéraient comme pauvres. Ce que l'on qualifie aujourd'hui de "pauvreté" est bien une invention de la civilisation[1]. »

Le drame du monde contemporain est que les nations nanties – les États-Unis et la Grande-Bretagne en tête depuis le 11 septembre 2001 – font semblant d'ignorer ce lien entre le rouleau compresseur qu'elles ont mis en marche au nom du progrès et de la civilisation, et la détresse humaine qui, aujourd'hui, s'étale partout sans les épargner elles-mêmes. Mais, obstinés jusqu'à la limite de l'irresponsabilité, les maîtres du monde, tout en versant des larmes de crocodile sur les couches sociales vulnérables, exigent de nos États des efforts qui appauvrissent et traumatisent chaque jour davantage ces populations. En mesurant la richesse et la pauvreté en termes de possession et de non-possession de biens monétaires et matériels, le discours néolibéral entame gravement la capacité des Africains et

1. Majid Rahnema (à paraître).

des Africaines à faire face à leurs besoins réels avec les moyens qui sont les leurs. L'arrimage de nos économies au char de la mondialisation conduit à l'aliénation, au renoncement à nous-mêmes et aux solutions qui nous sont familières. Altina, qui, en dépit de son double deuil, a cherché du travail, côtoie de plus en plus de Maliens et de Maliennes qui n'ont plus de repères.

L'attentisme est l'un des maux qui découlent de l'intériorisation de la pauvreté telle que définie par le discours néolibéral. Il caractérise toujours plus de jeunes gens et d'hommes adultes qui ont fini par baisser les bras. À longueur de journée, à l'ombre d'un arbre ou le long d'un mur, ils s'assoient et attendent, en bavardant et en savourant leur thé. À mesure que le temps passe, ils déplacent leurs chaises, toujours à la recherche d'un peu d'ombre[1]. Au Mali, les lieux où ils se retrouvent ont un nom : les grins. Il s'agissait, il y a encore vingt ans, de lieux de rencontres et d'échanges entre jeunes qui s'y réunissaient après l'école ou le travail. L'exclusion et le chômage en ont fait des espaces refuges qui, à l'occasion, nourrissent la grogne et la colère.

La mendicité est une autre conséquence du démantèlement des économies et des sociétés africaines. De plus en plus nombreux, de plus en plus exigeants, les mendiants sont aussi devenus de plus en plus agressifs. Autrefois l'apanage des impotents et des élèves coraniques – qui s'y livraient davantage par humilité que par nécessité –, la mendicité est devenue l'une des professions les plus lucratives pour les exclus, surtout en ville. Les êtres physiquement bien portants s'y montrent aussi assidus que les handicapés physiques ; tous se disputent et se bousculent

1. Le film d'Abdarahmane Sissao, *La vie sur terre*, met en scène ces « attentistes ».

devant les magasins, sur les trottoirs, autour des voitures, en tendant la main. Certains ne rentrent chez eux qu'à la nuit tombée ; d'autres élisent domicile sur leur « lieu de travail ». C'est ainsi qu'à des heures tardives on est quelquefois surpris par une main d'enfant tendue.

La mendicité féminine est sans doute la plus révélatrice du piteux état du pays. Je n'ai pas souvenir, dans mon enfance, d'avoir vu tant de femmes mendier. Le foyer était leur royaume, même si elles croulaient sous le poids des travaux ménagers. L'homme avait le devoir de se battre à l'extérieur et d'assurer à son épouse, selon ses capacités, le prix du condiment. Tendre la main ne seyait pas aux femmes et n'honorait pas la société ; le contexte actuel les y oblige. Et tous les moyens sont bons. Mais gardons-nous de faire de la morale, de voir de la paresse là où il n'existe aucune perspective d'emploi ni de revenus, de la malhonnêteté là où celui ou celle qui quémande est dans l'obligation de mentir et d'émouvoir.

C'est un fait vécu qui m'a incitée à une telle prudence. Un après-midi, deux femmes entre 40 et 50 ans, l'air bien portant et respectable, me rendirent visite et m'exposèrent leur situation. Leur mari, me disaient-elles, venait de mourir en leur laissant de nombreux enfants à nourrir. Il n'y avait, ce soir-là, rien à manger chez elles. Aussi me priaient-elles de bien vouloir leur venir en aide. Je répondis favorablement à leur demande. Elles me remercièrent et me firent des bénédictions avant de s'en aller. Une jeune femme de mon entourage, Assa, qui avait suivi de loin ma conversation avec mes deux visiteuses et m'avait vue leur remettre de l'argent, s'approcha de moi après leur départ et me dit : « C'est bien que tu aies aidé ces deux femmes. Dieu te le revaudra. Sache simplement que non seulement elles ne sont pas coépouses, ni veuves, mais qu'elles n'habitent pas la même maison. Je les connais l'une et l'autre. » Sur le moment, bien que très mécontente, je me dis : « Qu'importe ! »

Néanmoins, lorsqu'elles revinrent me trouver une seconde fois avec les mêmes arguments, je leur demandai d'accepter que j'appelle une personne qui les connaissait. Elles reconnurent Assa et la saluèrent. Je les priai alors de lui raconter leur histoire comme elles l'avaient fait la première fois. Gênée, l'une des deux baissa les yeux ; la seconde, plus audacieuse, me regarda quelques instants avant de reconnaître qu'elles m'avaient menti. Elle marqua encore un temps d'arrêt et ajouta sur un ton grave : « Vois-tu, Aminata, si deux femmes de notre âge, qui devraient pouvoir jouir d'un repos qu'elles ont mérité pour avoir mis des enfants au monde et travaillé toute leur vie, ne trouvent rien de mieux à faire que de falsifier les faits et de forcer la main aux honnêtes gens, c'est parce qu'elles n'ont pas le choix. Aide-nous si tu le peux car nous sommes dans le besoin, mais ne nous juge pas parce que nous ne t'avons pas dit la vérité. Dieu seul sait quelle est la réalité. » Et elles se sont retirées en s'excusant. D'autres situations plus ou moins similaires se sont produites et continuent de se produire. Mais j'évite la plupart du temps d'embarrasser des gens qui sont dans la nécessité.

Tel est le résultat de quarante années de destruction de nos sociétés et de nos économies au nom du « développement ». Le nombre des « pauvres » serait passé, à l'échelle du continent, de 242 millions de personnes en 1990 à 291 millions en 1998. La Banque mondiale, qui tient cette sinistre comptabilité, est aussi l'institution qui, en nous infligeant depuis vingt ans des programmes d'ajustement structurel, a largement contribué à créer la situation qu'elle semble déplorer. Mais elle persiste dans son erreur. Les

PAS sont synonymes de désétatisation, de dérégulation, de privatisation et d'exclusion pour le plus grand nombre. Entre les mains des institutions de Bretton Woods, l'Afrique est une toupie qui tourne sur elle-même sans parvenir à régler les problèmes urgents. C'est ainsi que s'expliquent la plupart des tensions sociopolitiques, des émeutes, des conflits armés et des génocides qui endeuillent le continent. Un Africain sur cinq vit dans un pays en guerre, et le quart des 10 millions de réfugiés que compte le monde est constitué d'Africains.

Des États qui avaient pour mission de réhabiliter l'homme africain sont engagés dans un processus qui le détruit en même temps que la société. L'ajustement structurel est au corps social ce que le virus du sida est au corps humain : il le fragilise par des réformes économiques inopportunes, à tel point que des défaillances qu'il aurait dû être en mesure de gérer prennent des dimensions dramatiques, d'autant plus que les solutions prônées sont externes. Il serait, à cet égard, intéressant de passer en revue les secteurs clés de l'économie – agriculture, éducation, santé, fonction publique – pour déceler les insuffisances qui les caractérisent et qui ont été exacerbées par les PAS[1].

Le processus de transformation de l'Afrique par l'ajustement structurel consiste à créer la rareté et à déprécier le travail – qui devient lui-même rare –, de telle sorte que la société ne parvient plus à assurer à ses membres les biens et services dont la production et la circulation garantissaient la

1. Les témoignages de cadres africains de haut niveau qui ont participé, ou plutôt assisté, aux prises de décisions macroéconomiques pourraient être d'une grande utilité en éclairant d'un jour nouveau la question de la coresponsabilité et de la capacité de proposition des Africains.

cohésion du groupe. Les distorsions introduites peuvent être ainsi schématisées :

A – Les principes de la vie individuelle et collective	**B – Les exigences du marché**
– Être pour soi et pour l'autre	– Avoir pour soi et rien que pour soi
– Produire pour vivre (cultures vivrières) et ne vendre que le surplus	– Produire pour vendre et acheter sur le marché
– Propriété collective, gage de solidarité et de cohésion sociale	– Propriété privée et protection des intérêts individuels

Dans le contexte A qui nous était familier en Afrique, et qui l'est encore dans certaines zones rurales, les membres de la communauté pouvaient compter les uns sur les autres. Les différences de fortune ne faisaient pas des exclus d'un côté et des privilégiés de l'autre. Par ailleurs, le dénuement matériel n'était qu'une situation passagère. « Je n'ai rien aujourd'hui », disait de lui-même celui qui traversait une période difficile. Les autres pouvaient lui venir en aide tant que ses difficultés persistaient, tout en le respectant. Je me souviens de ces gens à qui j'apportais, de temps à autre, un repas ou un vêtement de la part de mes parents, lesquels en retour attendaient des bénédictions qui, selon eux, faisaient la force de l'être humain. Ces personnes me fascinaient par leur sobriété et leur sérénité, et elles n'avaient pas besoin de mendier.

Dans l'univers B, l'argent est le facteur prépondérant alors qu'il est rare. Il en résulte un processus de transformation décrété, téléguidé et financé par des acteurs extérieurs, qui engendre une forme de pauvreté matérielle et morale dont les défenseurs de l'ordre néolibéral font ensuite un objet de discours et d'efforts dits « de développement » et « de coopération ». Cette pauvreté affecte et l'individu, et la société, où les liens de solidarité se relâchent et où exister rime avec acheter, consommer, posséder. Les dirigeants africains, s'ils veulent se voir accorder les capitaux dont ils ont besoin, doivent s'inscrire dans la logique du marché, ne jurer que par l'exportation, la privatisation et l'ouverture aux investisseurs étrangers. Et il en va des individus comme des États et des régions : il n'est pas rare d'entendre dire à propos de l'Afrique qu'elle ne pèse que 2 % des échanges mondiaux, discours normatif qui sous-entend qu'elle ne compte pas parce qu'elle ne vend et ne consomme pas assez.

Tandis que les organisations non gouvernementales du Sud comme du Nord réclament l'annulation pure et simple de la dette extérieure du Tiers-Monde – qui justifie le désengagement de l'État, la privatisation des services et la paupérisation en masse –, l'initiative PPTE (Pays pauvres très endettés), lancée en 1996 au sommet du G7 à Lyon, est le dernier mécanisme conçu par la communauté des créanciers à l'intention des États surendettés en vue de parachever leur conversion rapide à l'économie de marché. Elle consiste en des rééchelonnements successifs de la dette pour les pays ayant réalisé de façon durable de « bonnes performances » selon les critères des IFI.

C'est dans ce dernier point que réside la principale faille de l'initiative : puisqu'elle prévoit que le FMI et la Banque mondiale décident de l'éligibilité d'un pays, elle tend à institutionnaliser l'ingérence politique, les États concernés se trouvant pris en tenailles entre une demande sociale forte et l'exigence de réduction des dépenses publiques pour répondre aux recommandations des créanciers. Les sociétés civiles africaines, elles, sont totalement écartées des processus de décision et n'ont aucun moyen de se faire entendre de leurs dirigeants. Ces derniers se verront récompensés pour bonne conduite par les institutions de Bretton Woods et disposeront alors de fonds et d'une marge de manœuvre élargie s'ils souhaitent, comme c'est souvent le cas, se maintenir au pouvoir.

Ainsi, tout en ne jurant que par la démocratie, les droits de l'homme et le renforcement de la société civile, les nations riches et les IFI fonctionnent de telle sorte que nos chefs d'État ne se sentent pas redevables envers leurs peuples. Alors qu'une vision concertée entre gouvernants et gouvernés s'impose plus que jamais dans la recherche de solutions aux nombreux maux du continent, la classe politique, toutes tendances confondues, n'a pour l'heure d'autre choix que d'épouser le néolibéralisme.

Le peuple malien, qui va procéder en 2002 à l'élection de son nouveau président, se doit de réfléchir aux modalités de sa participation effective à l'analyse de la situation macroéconomique et aux prises de décision. Car, par-delà les qualités et les défauts des dirigeants africains, la démocratie restera un vœu pieux tant que les États et les institutions qui contrôlent les richesses du monde imposeront leur diktat à nos pays. Le marasme économique dans lequel a sombré le Mali est en partie dû à l'obligation qui lui a été faite de se conformer à des principes néolibéraux qui ne mènent nulle part, la politique politicienne et le manque de transparence dans la gestion des fonds faisant le reste.

Nous nous devons de soustraire les démocraties africaines et nos destins aux manipulations des maîtres du monde, et la remise en cause de l'initiative PPTE est le premier acte de courage politique qui peut être accompli. Il suffit de rappeler ses retombées au Mali pour constater qu'elle représente un véritable désastre pour les couches sociales défavorisées.

Le principe de l'éligibilité du Mali à l'initiative PPTE a été approuvé en septembre 1998 par les conseils d'administration de la Banque mondiale et du Fonds monétaire international. L'ensemble des réformes prévues devait être mis en œuvre avant décembre 1999 afin que le pays soit effectivement éligible dans la première moitié de l'an 2000. Les autorités de la Troisième République ont mis les bouchées doubles en espérant obtenir un allégement substantiel du poids de la dette extérieure. De leur côté, les institutions de Bretton Woods attendaient notamment des résultats dans les secteurs du coton, de l'éducation, de l'énergie, des télécommunications, de la finance, des privatisations et de la réforme administrative.

Le secteur cotonnier, principale source de devises du pays, a toujours été l'une des pierres d'achoppement de la coopération entre le Mali et les IFI. Alors que les autorités maliennes n'étaient pas peu fières de notre rang de premier producteur de coton en Afrique subsaharienne, les institutions de Bretton Woods leur reprochaient la trop grande implication de l'État dans le secteur. La crise financière et structurelle qui affecta la Compagnie malienne de développement textile (CMDT), accompagnée de la baisse prolongée des cours de la fibre de coton sur le marché mondial, allait leur faciliter la tâche. Le manque à gagner créé par cette situation (30 % en deux ans) mit en évidence le caractère inapproprié de certaines des décisions prises par la direction – construction de deux usines d'égrenage, investissement dans des stocks – et révéla les nombreuses malversations qui passaient inaperçues ou étaient tolérées pendant les périodes prospères. Le résultat pour la campagne 1998-1999 fut un déficit de trésorerie d'environ 47 milliards de francs CFA et une perte de revenus pour les producteurs, sans compter les risques de fragilisation du secteur financier.

Les mesures de sortie de crise envisagées par le gouvernement consistèrent, entre autres, dans la fixation d'un prix minimum aux paysans pour le coton graine, la diminution des dépenses de fonctionnement et d'investissement de la CMDT et l'utilisation des ressources du fonds de stabilisation. Ces mesures, notamment la dernière, furent jugées insuffisantes et irréalistes par le FMI et la Banque mondiale. Comme de coutume, ces institutions minimisaient la gravité de l'extraversion économique qu'elles prônaient, ainsi que le caractère aléatoire et injuste du système de fixation des prix du coton, secteur subventionné dans les pays riches. Elles se focalisaient sur la mauvaise gestion, déplorable et inadmissible, certes, mais insuffisante pour rendre compte du profond décalage existant entre les orientations macroéconomiques préconisées et les intérêts vitaux du peuple malien en matière de développement du secteur cotonnier.

La situation critique de la CMDT a donné lieu à une vaste campagne de dénonciation des malversations de ses dirigeants, et à leur limogeage. De nombreuses réunions techniques ainsi que de longues négociations entre la Banque mondiale et les autorités maliennes eurent lieu à tous les niveaux. En revanche, aucun débat public de fond ne fut ouvert sur le contexte économique, politique et financier global ayant conduit à ces dérives. Rien ne fut dit, notamment, de la mainmise du parti-État[1] sur la CMDT, ni de la convoitise et de l'arrogance de la Banque mondiale, déterminée à la brader.

1. Le secteur cotonnier malien fut en effet la vache à lait de l'actuel parti-État ADEMA (Alliance pour la démocratie du Mali), après avoir été celle de l'UDPM (Union démocratique du peuple malien), l'ancien parti unique interdit après les événements de mars 1991.

Dans le domaine de l'éducation, les auteurs de l'initiative occultent totalement le cadre macroéconomique responsable du démantèlement de l'école au profit de ce qu'ils appellent « l'amélioration de la qualité des dépenses à tous les niveaux de l'enseignement ». Le PRODEC[1], bricolé, imposé et financé par la Banque mondiale, est présenté comme la stratégie de sortie de crise dont l'école malienne a besoin. Il n'en est rien.

La demande scolaire fait partie de ces aspirations profondes du peuple malien dont la prise en charge par les institutions financières internationales est tout simplement néfaste. Ce sont précisément les programmes d'ajustement structurel qu'elles ont imposés, deux décennies durant, qui ont dépouillé l'école du minimum requis – salaires décents pour les enseignants, bourses d'études, infrastructures, fournitures… L'initiative PPTE fait figure de véritable escroquerie intellectuelle lorsque ses auteurs diagnostiquent, parmi les maux à éradiquer dans ce secteur, « l'augmentation des effectifs à tous les niveaux, la croissance lente dans la disponibilité des ressources publiques, des taux de redoublement qui contribuent à l'augmentation des coûts unitaires, des critères inefficaces d'attribution des bourses[2] ».

Les mêmes arguments démographiques et financiers sont avancés dans l'analyse du secteur de la santé. Le PRODESS[3], pendant du PRODEC, vise notamment à prouver que l'efficacité et l'accès aux soins de santé dépendent du désengagement de l'État et du recouvrement des coûts, y compris lorsqu'il s'agit de personnes démunies comme

1. Programme décennal de développement de l'éducation.
2. Ministère de l'Économie, du Plan et de l'Intégration (1999).
3. Programme décennal de développement sociosanitaire.

Altina. Dans les autres secteurs, sur lesquels je ne m'attarderai pas – énergie et télécommunications –, l'objectif est d'accélérer le processus de privatisation, l'efficacité et la rentabilité étant toujours à la base du raisonnement des IFI.

À les en croire, les erreurs de gestion qui justifient cet ensemble de mesures incomberaient entièrement aux autorités maliennes. Dans le domaine de l'électricité, par exemple, l'acquisition de centrales thermiques à un coût excessivement élevé, ajoutée à la mauvaise gestion de l'EDM (Énergie du Mali), aurait compromis la possibilité d'une privatisation du secteur à des conditions favorables. La stratégie finalement retenue a consisté à maintenir les ouvrages de production, de transport et de distribution de l'eau dans la sphère de l'État, mais à transférer les droits de propriété de ces services à l'opérateur privé, à l'exception des barrages et des équipements de production hydroélectriques. Le Mali a cédé 60 % du capital au « partenaire stratégique » et mis en œuvre un système de tarification au prix plafond. Le consommateur a été le premier perdant : les avantages que nous attendions du barrage de Manantali ont profité à l'investisseur privé, qui a amélioré ses propres performances techniques et étendu le réseau aux zones non encore desservies. L'État malien a, quant à lui, payé d'avance l'électricité dont il avait besoin.

L'initiative PPTE préconisait, pour le 31 décembre 1999, la mise en œuvre de l'ensemble des privatisations prévues dans le plan d'action de 1996. Il s'agissait de « lancer des signaux forts aux investisseurs potentiels en se fixant comme objectif pour chacune des privatisations de céder une majorité absolue de ses actions[1] ». Ainsi ces institutions ont-elles réussi le tour de force de miner et de ruiner nos

1. Ministère de l'Économie, du Plan et de l'Intégration (1999).

pays, de transformer la majorité de la population en nécessiteux, en mendiants, en errants, et, comble de l'arrogance, de concevoir sur les ruines des mesures toujours plus destructives avec l'aval de ceux que nous avons portés au pouvoir en vue d'atténuer nos souffrances.

Fodé Saloum Samoura compte certainement parmi les chercheurs maliens les plus motivés et les plus engagés en matière de technologies à faible coût. Sur fonds propres, il a mené et mis en œuvre des travaux de recherche sur les techniques de séchage, de fumage et de cuisson des aliments locaux. Mais la piste qu'il a empruntée et qui s'impose à notre pays en voie de désertification est malheureusement semée d'embûches. Convaincu qu'avec la politique de réduction de la pauvreté, dont gouvernants et bailleurs de fonds se félicitent tant, ses efforts allaient enfin être reconnus, Samoura a entrepris auprès de ces derniers des démarches qui sont restées jusqu'ici sans résultat. Désabusé, il fit un jour irruption chez moi et lança cette pique : « Ces gens-là prétendent lutter contre la pauvreté en menant les mêmes politiques qui nous ont conduits là où nous sommes. Ils feraient mieux de parler de lutte contre les pauvres ! »

Le verdict de Samoura est sévère, mais il révèle bien le sentiment de déception et d'amertume de la grande majorité des Maliens et des Africains, qui voudraient voir plus clair dans ces mécanismes de confiscation de notre destin.

4

Notre destin confisqué

Et c'est largement en se réclamant des Lumières que l'Occident entreprend, au cours du siècle qui suit, de les violer avec un remarquable esprit de système.

Sophie BESSIS

Tandis que les bombes pleuvaient sur l'Afghanistan et que tout espoir de faire entendre raison à l'administration américaine volait en éclats, des chefs d'État africains et leurs délégations « négociaient » à Washington l'ouverture du continent au commerce avec les États-Unis.

En cette fin du mois d'octobre 2001, Taoufik Ben Abdallah et moi-même venions d'accueillir dans la capitale sénégalaise des dizaines d'acteurs et d'organisations des sociétés civiles d'Afrique, d'Europe, d'Amérique latine et d'Asie dans le cadre de la préparation du deuxième Forum social mondial de Porto Alegre et du premier Forum social africain de Bamako[1], prévus pour janvier 2002. La situation du

1. En janvier 2001, au cours du premier Forum social mondial de Porto Alegre, où la participation africaine était très faible, s'est fait sentir la nécessité de mobiliser un plus grand nombre d'organisations citoyennes au niveau du continent africain.

moment, avec, d'un côté, le déploiement des forces américaines contre l'un des peuples les plus démunis et les plus meurtris de la planète, et, de l'autre, la fuite en avant des dirigeants africains dans un système qui broie des innocents, nous donnait matière à discussion concernant les relations entre l'Afrique et le reste du monde. Pêle-mêle, la presse sénégalaise rendait compte de ces événements sans que le lecteur moyen puisse établir un lien quelconque entre eux et l'exaspération des organisations citoyennes.

Les mots ne voulant plus rien dire, sinon leur contraire, l'organe officiel du Sénégal *Le Soleil* daté du 31 octobre 2001 titrait : « Afrique-États-Unis : un nouveau pacte de solidarité ». Et, pour mieux leurrer les lecteurs non avisés, le journal faisait miroiter en gros caractères : « 150 milliards en soutien aux investissements ». Quant à la photo qui illustrait cette belle et prometteuse coopération afro-américaine, elle représentait un George Bush visiblement ravi tendant l'oreille à un Abdoulaye Wade, chef de l'État sénégalais, non moins radieux.

Quelques jours auparavant, ce dernier, en champion de l'ouverture de l'Afrique au marché mondial, était fier de rendre compte aux participants au premier Forum panafricain sur le renforcement des capacités en Afrique, à Bamako[1], de l'adhésion de George W. Bush et de James Wolfensohn, président de la Banque mondiale, à la fameuse Initiative africaine[2] dont il est l'un des pères. Wade aurait même déclaré, compte tenu des orientations de ce programme, que l'Afrique

---

1. Voir *infra*, p. 72 et suivantes.

2. L'Initiative africaine est née de la fusion de deux plans de développement distincts : le plan Omega, conçu par Abdoulaye Wade, et le MAP (Millenium African Renaissance Program) de Thabo Mbeki, le président sud-africain. Elle est aujourd'hui devenue le NPAD, Nouveau Partenariat pour le développement de l'Afrique. Voir *infra*, p. 169 et suivantes.

avait enfin une vision. La moitié de l'auditoire fut choquée par une telle insulte au continent, dont la plupart des initiatives ont été ignorées, boycottées ou dénigrées par les grandes puissances. Mais Abdoulaye Wade n'a pas peur de choquer ; il croit en sa propre vision de l'Afrique, qu'il veut ouverte et compétitive, à tout prix. N'a-t-il pas déclaré, lors d'un déjeuner de presse à Genève, que le Plan d'action de Lagos[1] n'était que de la « paperasse » ?

L'évolution actuelle du continent est fort préoccupante pour des populations qui attendent, depuis longtemps, de retrouver leur droit à l'information et à la prise de décision. Nous avons caressé l'espoir de devenir des interlocuteurs pour nos dirigeants, que nous avons désormais la liberté d'élire. Et voici que, contre toute attente, depuis leurs cabinets, ceux-ci échafaudent des plans dits « de relance économique », les discutent entre eux, en se disputant parfois, les fusionnent dans le seul but de jouer la carte de l'unité africaine et se lancent éperdument dans la recherche de financements. Qu'avons-nous fait pour mériter d'être à ce point ignorés, abandonnés, méprisés par ceux à qui nous confions notre destin ? Est-ce exagéré de parler de trahison lorsque la classe dirigeante tourne le dos aux populations pour s'en remettre aux puissances occidentales qui ne jurent que par la finance et le commerce dans le sens de leurs propres intérêts ? Faut-il croire que les peuples n'ont que les dirigeants qu'ils méritent ?

L'exigence posée par Aimé Césaire est plus que jamais d'actualité : « Voir clair, penser clair, entendre dangereusement, répondre clair à l'innocente question initiale : qu'est-ce

1. Ce plan, adopté en 1980, était l'une des rares tentatives pour élaborer un programme *régional* de développement, mais il est resté lettre morte.

en son principe que la colonisation[1] ? » Car c'est d'elle qu'il s'agit. Elle se poursuit précisément parce que les gagnants des guerres coloniales, qui sont les tenants actuels de l'économie mondiale, ne renoncent pas à leurs acquis. Ils ne partagent pas. Quand ils donnent d'une main, c'est pour reprendre de l'autre. Notre survie dépend désormais, et plus que jamais, de notre propre aptitude à cerner les rouages, les enjeux, les rôles et les responsabilités dans l'anéantissement de nos efforts de reconstruction sociale, économique et politique, et à choisir nos dirigeants de manière conséquente.

Pour mon propre usage au niveau du centre Amadou Hampâté Bâ[2], j'ai conçu un schéma qui devrait aider le lecteur à comprendre. Il m'a été inspiré par l'un de mes proches qui, un jour, s'insurgea en ces termes : « Nous n'avons que des gouverneurs de région à la tête de nos États ! Ils suivent à la lettre les instructions de leurs maîtres et leur rendent des comptes dans le mépris le plus total de nos points de vue et de nos aspirations. »

N'étant ni du cercle des dirigeants politiques, ni de celui des militants pour un autre monde, cet ami ne savait presque rien de la main qui, dans l'ombre, s'empare du pouvoir que lui, citoyen ordinaire, a confié à ses élus. Le discours officiel la présente comme la main qui donne et qui ne nous veut que du bien. Tout est bon pour la saisir, et personne ne veut être en reste. Cette réalité se traduit par une vie économique et politique souvent trépidante et apparemment porteuse, mais en réalité trompeuse et malsaine. Saisir des opportunités de financement, quel qu'en soit le prix, est devenu le propre de nos États et de la plupart des adeptes du système au niveau local.

1. Aimé Césaire (1989), p. 8.
2. Voir *infra*, p. 178 et suivantes.

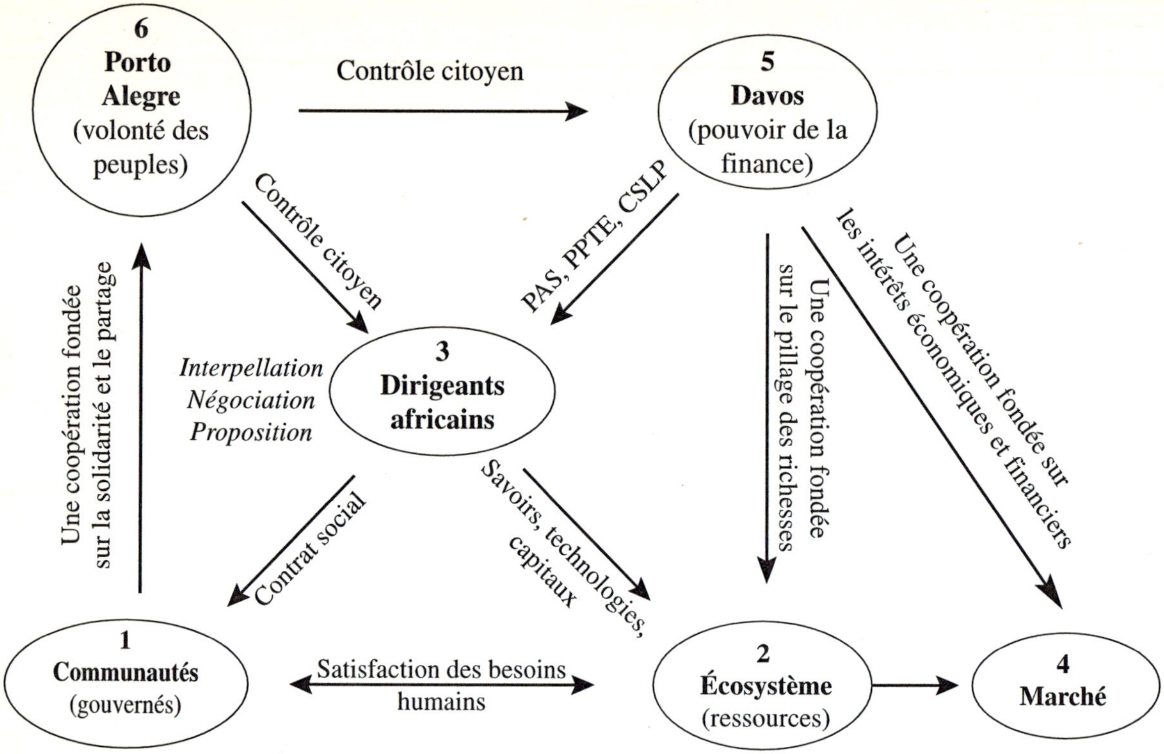

Coup d'État institutionnel et riposte citoyenne

Dans nos économies d'autosubsistance, il existait un lien organique et sacré entre les communautés (1) et les ressources (2), fondé sur le travail et la génération des biens nécessaires à la satisfaction des besoins humains. La sauvegarde de ce lien entre le social, l'économique et l'écologique était assurée par des chefs coutumiers et/ou religieux. Le pouvoir (3) était certes un privilège, mais aussi une lourde responsabilité : « De la bonne ou de la mauvaise conduite des rois ou des chefs dépendront la prospérité du sol, le régime des pluies, l'équilibre des forces de la nature[1] », souligne Amadou Hampâté Bâ.

Cette relation triangulaire entre les pôles 1, 2 et 3 a été mise à mal par les systèmes d'exploitation qui se sont succédé sur le continent africain : la traite négrière, la colonisation, comme l'économie d'exportation, ont consisté à détourner la production vers un pôle extérieur aux communautés : le marché (4). Des biens importés se sont progressivement substitués aux produits locaux en envahissant les esprits. Désormais nous n'existons, nous ne nous aimons que vêtus, chaussés et coiffés comme ceux qui nous ont dominés, à qui nous continuons d'offrir nos matières premières à bas prix et qui, en retour, nous les revendent au prix fort après les avoir transformées.

Le marché est une réalité lointaine qui se trouve sous la coupe d'un groupe d'acteurs tout aussi lointains : les grandes puissances financières internationales (5). Ces deux pôles, tout en déterminant les choix et les comportements des dirigeants, échappent totalement au contrôle des communautés. Ils invitent en effet nos chefs d'État, ou plutôt les contraignent, à organiser la mise en valeur et l'exploitation des ressources selon les exigences du marché.

---

1. Amadou Hampâté Bâ (1995), p. 17.

Les élus locaux deviennent ainsi des relais et des instruments du système.

Cette mainmise des acteurs du pôle 5 sur les ressources du sol et du sous-sol africains est donc allée de pair avec la perte de sens quant au pouvoir politique dans nos pays. La confiance, le respect et l'admiration du peuple, qui faisaient généralement l'aura et la force des détenteurs du pouvoir – lesquels, de leur côté, s'imposaient des règles de conduite souvent strictes –, semblent aujourd'hui secondaires pour la plupart des dirigeants. Privilégiant les appréciations des grandes puissances financières internationales, ils ne se sentent pas tenus de rendre compte à leurs peuples mais aux argentiers. Les programmes d'ajustement structurel, l'initiative PPTE, sont les moyens de pression de ces derniers. Ils décrètent indispensable la mise à mort de l'État en raison de ses lourdeurs et de la corruption, contraires au bon fonctionnement du marché.

L'agriculture, qui constitue l'ossature des économies africaines et qui relève de la responsabilité de millions de petits producteurs, a été sacrifiée à ce dogme. La Banque mondiale s'est appuyée sur les contre-performances dues aux interventions étatiques dans ce secteur pour écarter l'autorité politique au profit d'un secteur privé monopolistique, qui ne prend pas de risques et qui, à l'occasion, rançonne les producteurs à travers la vente des intrants et la commercialisation de leurs produits.

Le pôle 5 de notre schéma est incarné par le trio FMI-Banque mondiale-OMC. Tous trois ont perpétré un véritable coup d'État institutionnel au niveau mondial, au détriment des Nations unies et des peuples, et ne reculent devant rien pour sauvegarder leurs intérêts. Il s'agit de pérenniser le système là où il est solidement établi et de le parachever là où il présente des lenteurs ou des failles. Ils font bloc pour accepter ou rejeter les initiatives émanant d'Afrique ou d'autres régions du Sud, selon qu'elles sont conformes ou contraires à leurs intérêts. Toutefois, cette démarche consensuelle n'exclut pas les divergences d'intérêts. Elles se reflètent dans les rapports multilatéraux ou bilatéraux qu'entretiennent les pays du Nord avec l'Afrique. C'est ainsi que l'AGOA[1] est devenue le pendant américain de l'accord de Cotonou, ce nouveau partenariat qui, depuis juin 2000, lie l'Europe aux ACP (Afrique, Caraïbes, Pacifique) en remplacement des conventions de Lomé[2].

L'accord de Cotonou invite les ACP à prendre un certain nombre de dispositions avant le 31 décembre 2007, date à laquelle le système des tarifs préférentiels non réciproques sera démantelé. En réalité, ces tarifs s'érodent à mesure que l'Union européenne signe des accords commerciaux avec d'autres pays et que l'Organisation mondiale du commerce impose des réductions tarifaires. L'Europe des Quinze institutionnalise la pression qu'elle exerce sur les ACP en assujettissant l'aide publique au développement (APD) aux performances économiques et à la bonne gouvernance ; la corruption entraîne la suspension de la coopération quelle que soit l'origine des fonds. L'Union européenne adapte sa stratégie de coopération avec les ACP aux règles de l'OMC et aux exigences de sa propre construction, qui obéit aux normes du marché mondial. De leur côté, les ACP réalisent que la coopération avec l'Europe ne leur a permis ni de

1. AGOA : African Growth and Opportunity Act (loi sur la croissance et les possibilités économiques en Afrique, adoptée en mai 2000.

2. La première convention de Lomé, signée en 1975, était jusqu'alors renégociée tous les cinq ans. Dans ce partenariat, 71 États ACP (dont 48 francophones, tous situés en Afrique) font face à 15 États européens dont les intérêts sont prépondérants dans les négociations.

sortir de leur rôle de pourvoyeurs de matières premières, ni de s'industrialiser.

Les accords de Yaoundé[1] et les conventions de Lomé « sonnaient » bien dans la mesure où il était question de « l'égalité des partenaires et [du] respect de leur souveraineté ainsi que [du] droit de chaque État à déterminer ses choix politiques, sociaux, culturels et économiques ». Le contexte dans lequel s'inscrivaient les trois premières conventions de Lomé (de 1975 à 1985) était marqué par le Nouvel Ordre économique international, cette belle initiative du Sud qui plaidait, à l'époque, pour la souveraineté des États – notamment dans la gestion de leurs ressources naturelles –, leur droit à contrôler les firmes transnationales, à nationaliser, à adopter le système économique de leur choix... Ces revendications, qui demeurent tout à fait légitimes et qui étaient à l'époque recevables, sont devenues taboues et ont été évacuées des négociations avec l'Europe, dont les entreprises nationales ou transnationales absorbent les nôtres.

Les ACP sont aujourd'hui invités à se regrouper en unions douanières sous-régionales et doivent se soumettre à une concurrence rude avec des partenaires bien mieux armés qu'eux qui leur font perdre des recettes douanières.

Les États-Unis, eux, jugent l'accord de Cotonou insuffisant en termes d'ouverture de l'Afrique au commerce et à l'investissement étranger. Ils ont pour devise : « Moins d'aide, plus de commerce. » Comme le fait remarquer Jean-Louis Roy, il s'agit « de ne pas concéder l'espace commercial du continent à l'Europe et de faire contrepoids aux accords de libre-échange programmés par cette dernière avec les communautés et les pays africains[2] ». George Bush,

---

1. Les accords de Yaoundé ont été signés en 1963 et 1969.
2. Jean-Louis Roy (2000), p. 131.

en se référant à l'AGOA, estime quant à lui que le commerce ouvert et l'investissement international sont les moyens les plus sûrs et les plus rapides pour que l'Afrique se développe.

De qui le président des États-Unis tient-il une telle assurance ? Des chefs d'État africains soucieux de leur survie politique et en quête de financements extérieurs, ou des centaines de millions d'hommes et de femmes qui, comme Altina, sont dépourvus du strict minimum par ces mêmes réformes économiques dont il vante les mérites ? George Bush affirme également que les pays africains qui respectent les marchés et les droits de l'individu ont plus de chances de connaître une croissance économique. Mais y a-t-il pire violation des droits humains que de priver des centaines de millions d'agriculteurs de moyens de production et de débouchés, des centaines de milliers de jeunes et de travailleurs d'emploi ? Et si l'ouverture forcée au monde, synonyme de dépossession et d'appauvrissement en Afrique, était plutôt le terreau de l'instabilité politique, des émeutes et des conflits armés ?

Le Japon, enfin, qui ne veut pas être en reste dans la compétition entre puissances mondiales pour le contrôle de l'Afrique, a organisé en 1993 la première Conférence internationale de Tokyo sur le développement de l'Afrique (TICAD en anglais). Celle-ci s'est réunie une seconde fois en 1998.

Le FMI et la Banque mondiale, qui organisent et maintiennent localement la pression, sont à la tâche depuis plus de vingt ans dans le but, semble-t-il, de rétablir les équilibres macroéconomiques internes et externes et de promouvoir la croissance. Mais, de tâtonnements en échecs, leurs promesses – mirobolantes – n'ont pas été tenues et, entre-temps, l'Afrique est tombée de Charybde en Scylla.

Les programmes d'ajustement structurel qui avaient, à l'origine, l'allure d'une opération chirurgicale à durée déterminée, certes douloureuse mais salutaire, sont devenus une véritable torture pour les populations et pour les États. Les économies africaines sont aujourd'hui dans une situation de délabrement dont le rapport de la Conférence des Nations unies pour le commerce et le développement (CNUCED)[1] rend compte avec éloquence. L'Afrique dite « pauvre » est devenue aujourd'hui – comble de l'ironie – exportatrice nette de capitaux, tandis que le revenu moyen par habitant est passé au-dessous de son niveau de 1960. Pour chaque dollar de capital net reçu, le continent rembourse 1,06 dollar, dont 51 cents au titre des pertes liées aux termes de l'échange.

Des pans entiers de l'humanité sont en train de sombrer dans la misère morale et matérielle tandis que les grandes puissances partent à l'assaut du terrorisme au nom du reste du monde. Oussama Ben Laden, désigné jusqu'en septembre dernier comme l'ennemi n° 1 des États-Unis – dont il est avant tout le produit et l'ancien protégé –, nous est désormais présenté comme celui de la communauté internationale tout entière. Ainsi, de même qu'au niveau national nous payons pour les choix et les décisions non concertés de nos dirigeants, nous sommes invités à payer pour les erreurs de stratégie de l'État le plus puissant au monde, le tout sous couvert d'une solidarité internationale dont l'Afrique aurait, elle, cruellement besoin mais qui ne se manifeste qu'en échange de notre soumission.

Dans ces circonstances, la montée en force du mouvement social mondial (pôle 6 du schéma) est une opportunité

1. CNUCED (2001).

historique pour les sociétés civiles africaines confrontées à de telles réalités.

Au cas où mes arguments de femme africaine et de citoyenne du monde ne seraient pas suffisamment convaincants pour ceux entre les mains desquels l'Afrique appauvrie et meurtrie a remis son destin, il n'est que de relire les lignes prémonitoires écrites par l'incontournable Aimé Césaire :

> « En 1913, Page écrivait à Wilson :
>
> "L'avenir du monde est à nous. Qu'allons-nous faire lorsque bientôt la domination du monde va tomber entre nos mains ?"
>
> Et en 1914 : "Que ferons-nous de cette Angleterre et de cet empire, prochainement, quand les forces économiques auront mis entre nos mains la direction de la race ?"
>
> Cet empire… Et les autres…
>
> Et, de fait, ne voyez-vous pas avec quelle ostentation ces messieurs viennent de déployer l'étendard de l'anticolonialisme ?
>
> "Aide aux pays déshérités", dit Truman. "Le temps du vieux colonialisme est passé." C'est encore du Truman.
>
> Entendez que la grande finance américaine juge l'heure venue de rafler toutes les colonies du monde. Alors, chers amis, de ce côté-ci, attention !
>
> Je sais que beaucoup d'entre vous, dégoûtés de l'Europe, de la grande dégueulasserie dont vous n'avez pas choisi d'être les témoins, se tournent – oh ! en petit nombre – vers l'Amérique, et s'accoutument à voir en elle une possible libératrice.
>
> "L'aubaine !" pensent-ils.
>
> "Les bulldozers ! Les investissements massifs de capitaux ! Les routes ! Les ports !
>
> – Mais le racisme américain !
>
> – Peuh ! le racisme européen aux colonies nous a aguerris !"
>
> Et nous voilà prêts à courir le grand risque yankee.
>
> Alors, encore une fois, attention !

L'américaine, la seule domination dont on ne réchappe pas. Je veux dire dont on ne réchappe pas tout à fait indemne.

Et puisque vous parlez d'usines et d'industries, ne voyez-vous pas, hystérique, en plein cœur de nos forêts ou de nos brousses, crachant ses escarbilles, la formidable usine, mais à larbins, la prodigieuse mécanisation, mais de l'homme, le gigantesque viol de ce que notre humanité de spoliés a su encore préserver d'intime, d'intact, de non souillé, la machine, oui, jamais vue, la machine, mais à écraser, à broyer, à abrutir les peuples ?

En sorte que le danger est immense[1]... »

Puisse cette mise en garde, qui est plus que jamais d'actualité, guider les pas des nôtres et les aider à voir clair, à lire autrement les mots clés et les mots d'ordre.

1. Aimé Césaire (1989), p. 57-58.

5

Mots clés et mots d'ordre

Il n'y a pas de dépossession plus grave que celle qui interdit à un sujet l'accès à la question qui le concerne.

Mamousse DIAGNE.

Les colonisés savent désormais qu'ils ont sur les colonialistes un avantage. Ils savent que leurs « maîtres » provisoires mentent. Donc que leurs maîtres sont faibles.

Aimé CÉSAIRE

Heureux sont ceux qui pensent, s'expriment et travaillent dans leur propre langue ; bien des interprétations erronées de leur propre situation leur seront épargnées.

La grande majorité des Africains n'ont pas de réponses aux questions suivantes, dont pourtant leur sort dépend : où en sommes-nous ? que nous est-il arrivé ? que se passe-t-il en ce moment précis de l'histoire de notre continent et de l'humanité ? comment nous faut-il envisager l'avenir ? Telle une chape de plomb, la langue de bois pèse sur les causes des événements passés et présents.

Tout se dit et se négocie dans la langue de l'autre, comme du temps des premiers colons qui ont foulé notre sol. Les

Africains ont besoin d'interprètes, et lorsque leurs propres dirigeants consentent à jouer ce rôle secondaire et ingrat, les réponses sont connues.

Où en sommes-nous ? Au stade de la démocratie, voyons. Des élections sont organisées périodiquement. Leur bon déroulement est jugé et contrôlé en présence d'observateurs étrangers. Cela devrait, apparemment, suffire à faire le bonheur des Africains et des Africaines. De notre côté, nous y croyons et nous y consacrons l'essentiel de notre temps, de nos efforts et de nos maigres ressources. À l'heure actuelle, au Mali, tout est secondaire au regard de l'organisation des prochaines élections présidentielles.

Que nous est-il arrivé ? L'éviction du « dictateur sanguinaire » Moussa Traoré a ouvert une période de dix années de démocratie, selon le discours dominant. Le Mali, ce pays exemplaire en matière d'ouverture politique et économique, a enregistré des taux de croissance encourageants. Il est appelé à se développer dès que la conjoncture internationale s'améliorera.

Que se passe-t-il en ce moment précis de l'histoire de l'Afrique et du monde ? Le Mali est sur la voie de la mondialisation, phénomène inévitable et irréversible. Il joue, grâce à son chef d'État, un rôle moteur dans l'intégration sous-régionale et régionale qui constitue un pas important dans l'ouverture du continent à l'investissement étranger. Mais cet ensemble de perspectives prometteuses – internationale, régionale et nationale – est remis en cause par le choc du 11 septembre.

Comment nous faut-il envisager l'avenir ? Avec optimisme, en nous impliquant dans la « lutte contre la pauvreté », mais aussi dans la lutte contre le terrorisme. Le Mali, en pays exemplaire, vient d'expulser un groupe de Pakistanais qui vivaient sur son territoire en brassant, semble-t-il, beaucoup d'argent sans qu'on leur connaisse aucune profession précise. Et l'ambassadeur des États-Unis dans notre pays, qui a effectué une tournée à l'intérieur du territoire, s'est entretenu avec les musulmans, à qui il a expliqué la position américaine, avant de visiter la mosquée de Djenné[1]. Le discours dominant ne nous a toutefois pas dit quel axe d'intervention, de la « lutte contre la pauvreté » ou de la « lutte contre le terrorisme », était prioritaire. Mais qu'importe : les États-Unis savent reconnaître et récompenser leurs amis. Au niveau régional, le président sénégalais Abdoulaye Wade a fait fort, comme d'habitude, en se prononçant le premier pour un pacte africain contre le terrorisme.

Ainsi, l'Afrique continue de naviguer à vue avec, à sa tête, une élite politique qui s'est approprié les mots et les idéaux qui paient en monnaie sonnante et trébuchante. Où va notre continent si, en plus des couleuvres que l'on nous fait avaler à l'échelle nationale, nos chefs d'État se liguent pour faire en sorte que l'ogre de l'ordre néolibéral nous avale tous d'un trait ?

Dans la situation actuelle de l'Afrique et du monde, qui joue avec les mots joue avec les vies. En s'érigeant en interprètes et en relais du discours dominant, les dirigeants africains assomment leurs peuples, qui ont cruellement besoin de savoir, de comprendre et de choisir en connaissance de cause. L'analphabétisme est certes un handicap, mais pas une tare ni le signe de moindres capacités intellectuelles.

---

1. La mosquée de Djenné est l'un des édifices bâtis en terre les plus importants au monde. Elle constitue en tant que tel l'un des hauts lieux du tourisme malien. Elle était jusqu'à cette visite fermée aux non-musulmans pour avoir été « violée » par un photographe de mode irrespectueux qui y avait fait poser des mannequins légèrement vêtues. En dépit de nombreuses interventions, les autorités religieuses de la ville s'étaient longtemps obstinées dans ce refus.

Les Africains et les Africaines sont parfaitement capables de comprendre la marche du monde, l'état des lieux en Afrique et leur propre situation si nos dirigeants, comme ils savent le faire lorsque approchent les élections, se donnent le temps et les moyens d'éduquer, d'expliquer les enjeux de la mondialisation dans les langues nationales. Une telle option suppose bien entendu de leur part une certaine confiance en eux-mêmes et surtout dans leurs peuples, mais aussi la volonté de faire corps avec eux. À l'inverse, une classe dirigeante aliénée et fascinée par le béton et la quincaillerie se soucie d'abord d'alliances avec les détenteurs de capitaux et de technologies. Elle pense savoir pour le peuple, en majorité analphabète, être autorisée à choisir en son nom et à agir à son insu.

Une révolution des mentalités – celle des dirigeants africains – s'impose. La mondialisation, avant d'être économique et financière, ou pour l'être, procède au lavage des cerveaux de l'élite politique et intellectuelle. La facilité avec laquelle les idées et les fausses promesses pénètrent l'Afrique, y circulent et nous envahissent dépend également de la réceptivité des intellectuels, qui ne se distinguent pas ou très peu des décideurs politiques. En réalité, ce sont les mêmes : chercheurs, enseignants, ingénieurs attendent de pouvoir accéder à ce qu'ils appellent un « poste de responsabilité ». Nous avons pu constater ces dernières années que la plupart d'entre eux ne font guère mieux que les dictateurs militaires en termes d'écoute, de respect des populations et de gestion des biens publics. Quoi qu'il en soit, le débat – qui se déroule toujours en privé, les radios et les télévisions nationales étant consacrées aux « choses sérieuses », notamment à la lutte contre la pauvreté et à l'organisation des élections – fait rage entre les « réalistes » et nous autres, les « rêveurs », qui parlons d'un autre monde possible.

Lors de mon mémorable passage au gouvernement[1], l'un de mes collègues ministres m'interpella un jour : « Que proposes-tu, Aminata, en dehors des orientations de nos partenaires ? Tu vois bien ce qui se passe en Russie. Y a-t-il une autre voie ? Si oui, j'aimerais bien qu'on en discute avec nos collèges. » Il a plusieurs fois essayé, mais en vain, de faire admettre au Premier ministre d'alors le principe de débats de fond qui puissent nous permettre de partager nos points de vue de membres du gouvernement en dehors du Conseil des ministres.

Les « scientifiques » africains sont souvent les plus « réalistes », c'est-à-dire les plus convaincus des vertus du modèle euro-américain. L'un d'entre eux, Abdou, avec qui j'ai depuis des années des discussions animées, n'a jamais compris mes prises de position contre l'ordre néolibéral, qu'il trouve efficient, performant et digne d'être épousé tel quel. Quelques semaines avant l'attentat du World Trade Center, il me fit remarquer que je perdais mon temps en voulant changer le monde : « C'est même prétentieux de votre part, à toi et tes amis antimondialistes. Le monde est ce qu'il est et c'est se prendre pour le Bon Dieu que de vouloir le changer. » Abdou était plus sérieux et plus grave qu'à l'accoutumée en me disant cela. Il était en fait exaspéré par « l'incompétence des Africains qui gèrent mal », selon ses termes, et prêt à jeter l'éponge en émigrant aux États-Unis. J'étais bouleversée par cette décision mais nullement surprise : Abdou était tout simplement sur le point de suivre le chemin que des milliers d'autres Africains de tous milieux avaient dû emprunter avant lui pour échapper à ce sentiment de frustration et d'angoisse, plus prononcé chez

1. Voir *infra*, p. 118 et suivantes.

l'intellectuel, conscient de la situation de ses homologues dans les pays riches.

Et puis survint l'attentat du 11 septembre. Le choc que reçut Abdou fut à la mesure de sa dévotion pour le modèle américain. Il commença à se poser certaines des questions propres au monde des contestataires de l'ordre dominant. Il partagea avec moi les messages électroniques qu'il recevait des États-Unis et dans lesquels des personnalités scientifiques et artistiques pourtant peu suspectes d'adhérer à l'antimondialisme ou de ne pas aimer leur pays se montraient très critiques à l'égard de l'ultralibéralisme.

Les événements graves qui se déroulent en ce moment sous nos yeux viendront-ils à bout de la foi aveugle qu'ont la plupart des dirigeants et des intellectuels africains dans le capitalisme néolibéral ? Prendrons-nous alors le temps de renouveler la réflexion sur notre propre situation à la lumière de l'évolution actuelle des rapports Nord-Sud ? Rien n'est moins certain, d'autant plus que les nations industrialisées, au lieu d'analyser avec sérénité la situation de crise que nous vivons, se rebiffent et persistent dans leur ambition de changer le monde à leur image ; elles veillent au grain.

Ce fut le cas lors du premier Forum panafricain sur le renforcement des capacités en Afrique, organisé à Bamako en octobre 2001. Les acteurs de la société civile se sont trouvés confrontés au poids des mots et à l'ingérence des « partenaires extérieurs » dans la définition des axes d'intervention.

Il s'agissait, au terme de ce forum, d'élaborer une « déclaration de Bamako » ; les organisateurs, pris entre le marteau et l'enclume, finirent par y renoncer. Eu égard aux enjeux du débat, ce document, dont l'ébauche avait été distribuée en séance plénière, n'était pas suffisamment élaboré aux yeux des quelques représentants de la société civile présents, dont Yash Tandon, directeur de l'Institut des études de développement à Harare (Zimbabwe), et moi-même. Il se contentait d'énumérer les sujets abordés au cours du forum et proposait que ce type de rencontre soit institutionnalisé. Yash Tandon, vigilant et méticuleux, proposa en séance plénière qu'un comité de rédaction soit mis en place en vue de réécrire la déclaration. Ses membres s'attelèrent à la tâche jusqu'à une heure tardive. Les résultats de leurs délibérations devaient être saisis et distribués le lendemain matin. Mais, le moment venu, Yash Tandon constata que le point critique concernant le renforcement des capacités en matière de négociations sur le commerce mondial avait été éliminé, et qu'une autre phrase cruciale, dans le préambule, avait été modifiée – celle soutenant que le commerce auquel nos pays étaient conviés n'était pas libre mais marqué par le déséquilibre des rapports de force.

La proposition initiale du comité de rédaction consistait à dire que l'Afrique devait être unie pour peser sur l'élaboration des règles du commerce mondial, et que nos États devaient développer des capacités de négociation enracinées dans nos propres institutions plutôt que fonction des intérêts et des orientations des donateurs. La main qui, dans l'ombre, avait procédé à cette censure avait écrit, elle, que le commerce en Afrique devait obéir aux règles du libre-échange. Fort contrarié, Yash Tandon tenta en vain de découvrir qui se cachait derrière ces modifications de dernière minute et s'opposa à la diffusion de la déclaration. Les organisateurs s'engagèrent alors dans un va-et-vient entre les bailleurs de fonds et les membres du comité de rédaction, dont Yash Tandon. Faute d'avoir pu trouver un terrain d'entente, ils renoncèrent à ce qui aurait dû être la déclaration de Bamako. Nous venions d'assister, trois jours durant, à une mobilisation gigantesque des acteurs politiques, institutionnels et sociaux sur un thème majeur pour l'Afrique. Et nous constations avec amertume qu'il était récupéré, détourné de ses objectifs et mis au service de la mondialisation du capital.

Dans l'entendement des maîtres du jeu, l'objectif est bien de renforcer les capacités des Africains et des institutions africaines, mais dans la poursuite des réformes économiques et structurelles, présentées sous le label de « lutte contre la pauvreté ». Or il ne sera mis un terme aux maux de l'Afrique que si l'on procède à la déconstruction du discours dominant. Cette tâche sera difficile. Les divergences d'intérêts entre les Africains constituent l'obstacle le plus important à franchir, à l'intérieur de nos pays comme à l'échelle du continent. Les individus inféodés au système et qui en sont les produits se voient contraints de le perpétuer. Leur survie politique et leurs intérêts financiers en dépendent. Ils ne pourraient se maintenir au pouvoir si les ruraux, les femmes, les étudiants et l'ensemble des laissés-pour-compte venaient à être avisés de la situation, et cherchent donc à confisquer l'information relative aux enjeux du pouvoir et de la mondialisation néolibérale. En outre, aux yeux des puissances de l'argent – G8, FMI, Banque mondiale, OMC –, une pensée africaine alternative est une double menace : elle les dépossède de leurs prérogatives dans l'énonciation des maux et des solutions en Afrique, et elle remet en cause, par la même occasion, les intérêts dominants.

Revenons aux questions sur lesquelles nous avons ouvert ce chapitre afin de toucher du doigt les non-dits.

La démocratie ? Le décor est campé : liberté de vote, d'opinion, d'expression, etc. Mais les institutions tournent à vide et les acteurs sur eux-mêmes. Lors des élections, les voix s'achètent avec de l'argent détourné ou des financements facilement acquis auprès de bailleurs de fonds auxquels les candidats se sont montrés obéissants et le restent après leur élection. La liberté de la presse est loin d'être garantie ; lorsque le pouvoir ne censure pas, ce sont les journalistes eux-mêmes qui sont contraints de monnayer leurs services pour survivre. Le pluralisme politique ? Il n'implique aucun débat de fond quant aux alternatives ; les élections n'ont pour enjeu que l'alternance politique, sans questionnement sur les contraintes auxquelles sont soumis les tenants du pouvoir – qui ont du reste tendance à les cacher –, ni sur les défis à relever. Les élections, si transparentes soient-elles, ne suffisent pas à faire une démocratie. Les Africains devraient le savoir, maintenant, et commencer par s'interroger sur la légitimité de l'ingérence des institutions de Bretton Woods dans chaque aspect de leur existence. La « lutte contre la pauvreté » est une régression mentale et politique qui ne consiste qu'à colmater les brèches dans un édifice social miné par des programmes d'ajustement structurel qui se poursuivent allègrement à travers l'initiative PPTE.

La croissance par l'ouverture au marché ? Une chimère ! La compétitivité ? Une chimère ! Lorsque le Mali ou d'autres pays affichent des taux de croissance élevés, cela est davantage dû au cours des matières premières et à la pluviométrie qu'aux mesures préconisées par les théoriciens de Washington et leurs alliés nationaux. Ces dernières ne donnent lieu qu'à un sabotage économique qui entrave l'industrialisation de l'Afrique, l'enferme dans les exportations de matières premières aux cours fluctuants et dans l'endettement, selon une logique qui profite davantage aux créanciers et aux dirigeants corrompus qu'aux peuples. Ce sabotage a pour corollaire le démantèlement du tissu social à l'aide de programmes d'ajustement structurel qui privent les couches défavorisées de leurs droits économiques et sociaux. L'État africain doit revendiquer ses prérogatives au lieu de capituler au nom d'investissements étrangers qui ne viennent pas, ou alors à des conditions inacceptables – bas salaires, pollution de l'environnement, rapatriement des bénéfices… Plutôt que d'attendre que la conjoncture internationale nous devienne favorable avec la hausse des cours des matières premières, il serait préférable de nous intéresser à la conjoncture nationale en repensant le système agricole, l'éducation, la santé, l'environnement, etc.

La mondialisation économique serait inévitable et irréversible ? Comment et pour qui ? Hormis les technologies de l'information et de la communication, qui nous inondent d'images et d'idées, et les restes que nous laissent les consommateurs européens et américains, quels avantages tirons-nous pour l'instant de ladite mondialisation ? Pourquoi nous gargarisons-nous de mots creux ? Et qu'y a-t-il de particulièrement rassurant et alléchant dans la mondialisation quand la première puissance mondiale s'emmêle les pinceaux dans des actes de violence qu'elle maquille à coups de trafics d'influence et de financements plus ou moins occultes ?

Le terrorisme ? Lequel ? Celui des groupuscules armés il y a quelques années par l'Amérique dans sa guerre contre l'Union soviétique et qui retournent l'arme contre le système dominant ? La tragédie du 11 septembre 2001, ainsi que tous les faits qui en découlent et dont on ne connaît pas encore le dénouement, ont en réalité eu raison de l'illusion que l'Occident entretient lui-même quant à sa suprématie. Le monde dit « libre » souffre actuellement d'une blessure narcissique qu'il pense pouvoir soigner, maladroitement, par la violence militaire et politique. À l'affront les États-Unis et leurs alliés ont ajouté l'angoisse, la peur et la haine. Longue, très longue est la liste des mots d'ordre lancés par l'Occident et dont la prise en compte est le meilleur moyen pour l'Afrique de se fourvoyer davantage.

La gouvernance ? Nul ne doute de l'impérieuse nécessité pour l'Afrique de mieux gérer les biens publics et les emprunts, de les allouer sur des bases saines et équitables. Mais l'approche de la Banque mondiale protège avant tout les intérêts des investisseurs étrangers. Entre les mains des décideurs locaux, la gouvernance est sélective et source d'injustice.

Des droits de l'homme, Aimé Césaire disait déjà, dans les années 1950 : « Et c'est le plus grand reproche que j'adresse au pseudo-humanisme : d'avoir trop longtemps rapetissé les droits de l'homme, d'en avoir eu et d'en avoir encore une conception étroite et parcellaire, partielle et partiale, et, tout compte fait, candidement raciste[1]. » C'est dire qu'il n'y a rien de nouveau en matière de viol des consciences, hormis les concepts qui viennent allonger la liste des mots clés et le poids grandissant des organismes financiers qui monnaient leur aide contre davantage d'aliénation.

Il fut un temps où chaque agence internationale de développement inventait une notion ou une théorie qui lui permettait de mesurer, le moment venu, la réceptivité des populations dites « cibles » à ses programmes. Depuis un certain temps, la communauté des argentiers a décidé et appris à coordonner ses efforts de lavage des cerveaux ; elle n'en est que plus redoutable.

Dans le cadre du marketing des mots clés et des mots d'ordre et du matraquage des esprits, le directeur général du FMI, Horst Köhler, et le président de la Banque mondiale,

1. Aimé Césaire (1989), p. 12.

James Wolfensohn, ont effectué en février 2001 une tournée en Afrique, vaste opération de séduction au cours de laquelle l'on put voir notamment le second arborer un grand boubou malien – il avait semble-t-il perdu sa valise. Les deux principaux gendarmes du monde, qui prétendent soigner l'image du continent auprès des organismes de financement et des investisseurs, ne savent-ils donc pas que ce sont leurs institutions qui, ces dernières années, ont construit et diffusé largement cette image d'une Afrique incapable de se gérer ? L'accueil méprisant réservé par la Banque mondiale au Plan d'action de Lagos[1], qui avait mobilisé une quantité considérable de compétences africaines et d'énergies, reste gravé dans la mémoire de la plupart des cadres et des dirigeants africains impliqués dans l'élaboration de ce document, dont le seul tort était sans doute d'avoir été conçu en Afrique même. Les IFI lui ont substitué le rapport Berg, qui a inspiré les programmes d'ajustement structurel, dont les résultats, vingt ans plus tard, se révèlent tout simplement désastreux.

Et comment expliquer que la même Banque mondiale soutienne aujourd'hui avec tant d'enthousiasme une autre initiative, le NPAD[2], concoctée dans les cabinets présidentiels, si ce n'est parce qu'elle y trouve son compte ? Une telle initiative peut-elle être d'une quelconque utilité pour les peuples d'Afrique ? La nouvelle génération de chefs d'État serait-elle encore plus proche que la précédente des institutions de Bretton Woods ? Celles-ci, puissantes et influentes, sachant faire des émules et créer des consensus autour de fausses vérités, continuent de nous faire perdre le

1. Voir *supra*, note 1, p. 55.
2. Voir *supra*, note 2, p. 54.

temps de la réflexion autonome et approfondie sur nous-mêmes ; il est urgent de nous ressaisir.

L'atmosphère bon enfant de cette tournée était triste à pleurer quand on connaissait l'extrême gravité des sujets débattus et la lourde responsabilité des institutions de Bretton Woods et de leurs illustres hôtes dans l'appauvrissement des populations. Bamako, la capitale malienne, et Dar es-Salaam, celle de la République de Tanzanie, furent les deux lieux où, par groupes de dix ou douze, nos dirigeants vinrent rendre compte à leurs deux visiteurs de leurs efforts en matière de gouvernance et de lutte contre la pauvreté. Quel respect l'opinion internationale peut-elle avoir pour l'Afrique et ses chefs d'État élus quand ces derniers se déplacent sur convocation de deux fonctionnaires, si haut placés soient-ils ? Et qu'ont-ils fait en venant ainsi narguer les peuples ? Ils ont échangé les mêmes mots et les mêmes propos que d'habitude.

Jusqu'à une date récente, les mots avaient pour les Africains une vertu essentielle. Ils étaient vrais, sensés et sincères. En tant que tels, ils soignaient les « cœurs qui pleurent ». Ils nous ont servi à régler les conflits entre maris et femmes, parents et enfants, frères et sœurs, à entreprendre et à mener à bien les initiatives communautaires et à atténuer les souffrances. Jusqu'à une date récente, les mots étaient sacrés. Désormais vides de contenu, ils laissent indifférents quand ils n'exaspèrent pas. Cette désacralisation des mots discrédite le pouvoir. Il n'est pas rare d'entendre l'homme de la rue dire de tel ou tel dirigeant : « Il ment. »

Relire et redire l'Afrique en vue de la soustraire au discours misérabiliste, trompeur et démobilisateur du centre (des idées et de la finance), et de celui des dirigeants africains qui s'en font l'écho, c'est l'énorme défi qui interpelle les acteurs et les organisations de la société civile. Tentons de revisiter dans cette perspective les mots clés, démystifions-les et, dans tous les cas, réfutons les mots d'ordre en gardant à l'esprit les nombreuses vies humaines perdues ou gâchées du fait des termes macroéconomiques plaqués sur nos réalités.

6

Le tourment des morts

Et quand nous entendons un chef d'État européen déclarer, la main sur le cœur, qu'il lui faut venir en aide aux malheureux peuples sous-développés, nous ne tremblons pas de reconnaissance.

Frantz FANON

Combien d'épreuves et de déboires faudra-t-il que l'Afrique subisse encore avant que les solutions correspondent aux maux ? Telle est, semble-t-il, la question qui tourmente ces hommes, ces femmes, la plupart du temps jeunes, qui ont payé le plus lourd tribut qui soit aux programmes d'ajustement structurel : leur vie. Ils étaient au nombre de 300 en mars 1991, au Mali, quand l'alternance politique fut obtenue dans la douleur et dans le sang. J'imagine ces morts à l'écoute de notre monde, car ils nous observent. Nous le savons pour avoir appris et souvent murmuré ces vers de Birago Diop :

Ceux qui sont morts ne sont pas morts…
Les morts ne sont pas sous la terre.
Ils sont dans l'arbre qui frémit.
Ils sont dans l'eau qui coule.

Ils sont dans l'eau qui dort.
Ils sont dans la case, ils sont dans la foule.
Les morts ne sont pas morts.

La vie est, en somme, un souffle permanent qui se déplace et se renouvelle. Le monde n'a pas de fin puisque les êtres chers ne nous quittent jamais définitivement. Et nous n'aimons pas les décevoir.

Pure construction mentale ? Non ! Il s'agit plutôt d'une conception du monde et du rapport des vivants aux morts porteuse de sens, mais une conception qui est aussi une éthique. Les peuples d'Afrique ne sont d'ailleurs pas les seuls à écouter et à honorer leurs morts. Nos maîtres à penser érigent des monuments pour les leurs et jettent ainsi un pont entre le passé et le présent.

En Afrique, et en particulier au Mali, le déroulement de nos journées est souvent fonction de la nature des signaux que nous transmettent nos disparus par voie de rêve. Elles peuvent être sereines ou agitées selon la manière dont ils se présentent à nous. Une noix de cola ou un bol de lait peuvent calmer leur courroux quand nous les avons mécontentés. Les dirigeants et les prétendants au pouvoir eux aussi savent reconnaître et interpréter ces signaux quand il s'agit de leur carrière personnelle. Ils vont parfois jusqu'à payer des fortunes pour que féticheurs et marabouts les éclairent sur le chemin à suivre, mais ils se défont de tout surmoi quand il s'agit du bien public et du sort des démunis.

Une nouvelle éthique politique devrait pouvoir être fondée sur la conscience que nous avons, ou que nous devrions avoir, du sacrifice de ces hommes et de ces femmes, jeunes pour la plupart, qui sont morts pour avoir osé dire « non » à l'arbitraire et à l'injustice. Puisque la plupart de nos dirigeants n'ont pas pu s'empêcher, à l'instar des Occidentaux, d'édifier des monuments aux morts, aux pieds desquels ils viennent, certains jours, à pas cadencés, déposer des gerbes, ils feraient œuvre utile en pensant profondément aux victimes des programmes d'ajustement structurel chaque fois qu'ils signent des accords de coopération avec le FMI et la Banque mondiale. Si le gouvernement malien avait fait le lien entre les événements sanglants de mars 1991 et les PAS, il aurait réfléchi plus longuement à la politique à suivre.

Tinye So, « la demeure où règne la vérité » : c'est le nom que les Bamanan utilisent pour parler de l'au-delà. Les martyrs de la démocratie malienne, qui connaissent les véritables intentions et rouages des institutions de Bretton Woods, sont fort tourmentés et déçus par la poursuite de la guerre économique dont ils ont été les victimes sous le vocable nouveau et trompeur de « lutte contre la pauvreté ». Le système contre lequel ils se sont élevés de leur vivant a gagné en sophistication et en efficacité en faisant appel à des dirigeants élus. Il n'en est que plus redoutable. Tout se passe comme si les électeurs offraient aux élus le bâton pour les battre.

Dans les circonstances présentes, l'initiative PPTE[1] est ce bâton. Insulte à la mémoire des victimes des PAS, elle est d'un pur cynisme quand on se réfère aux revendications formulées en 1991 par la population malienne, pour laquelle rien n'a changé à ce jour. Il eût été juste et judicieux, dans le cadre de l'annulation totale de la dette des États surendettés du Sud, de lui donner une chance en déchargeant les autorités de la Troisième République de ce lourd fardeau. D'aucuns affirment que ce serait encourager la mauvaise gestion en raison de la responsabilité des dirigeants africains et du Sud en général dans le gonflement de l'encours de la dette. Ce risque aurait pu être considérablement réduit si les citoyens

1. Voir *supra*, p. 46 et suivantes.

qui remboursent s'étaient vu offrir les moyens de comprendre les mécanismes du surendettement et la liberté de contrôler les agissements de la nouvelle classe politique en matière d'allocation et de gestion des nouveaux emprunts. Il n'en a rien été, ni au Mali, ni dans les autres pays d'Afrique et du Sud. La Troisième République a emboîté le pas à la Deuxième. Elle doit gérer un fardeau évalué en décembre 1999 à quelque 3,3 milliards de dollars. Le service de la dette[1], lui, est estimé à environ 116 millions de dollars. Chaque Malien devrait rembourser tous les ans quelque 299 dollars aux créanciers et payer 11 dollars au titre du service de la dette... Et voici Altina punie pour une situation dont elle n'a même pas connaissance. Cette réalité, moralement inacceptable et socialement ingérable, ne donne pas lieu au moindre débat public de fond dans les médias nationaux, ni en période électorale, ni entre deux élections. Pourtant, l'existence de cette dette justifie toutes sortes d'ingérences de la part des IFI et du G8 dans l'économie et dans l'existence des Maliens et des Maliennes. Les candidats aux futures élections présidentielles savent-ils dans quoi ils s'engagent ?

Le rapport présenté en mai 2001 par le gouvernement malien à la troisième conférence des Pays les moins avancés (PMA), à Bruxelles, rend compte du surendettement du Mali et des conséquences des programmes d'ajustement structurel, qui condamnent Altina et ses semblables à la misère. Il indique que « le revenu par habitant, exprimé en dollars, stagne depuis 1995 entre 260 et 300 USD (contre 908 en 1997 pour les pays en développement, et 245 pour les autres PMA) alors qu'il était supérieur à 300 USD avant 1994[2] ». L'alimentation absorbe 77,7 % de ce montant. L'agriculture,

1. Le service de la dette recouvre le remboursement du capital et les intérêts de la dette.

2. *Mémoire du Mali* (2001).

qui est pourtant la principale activité économique au Mali, fournit 64 % des emplois (73,1 % en milieu rural), mais ne nourrit pas son homme, les emprunts, les investissements et la formation étant consacrés au secteur cotonnier.

Mal nourris, les Maliens ont l'un des niveaux d'instruction les plus bas au monde : on estimait en 1997 que seulement 29,97 % des personnes âgées de 15 à 24 ans savaient lire et écrire (42,27 % des hommes et 10,45 % des femmes). En 1998-1999, un maître encadrait 77 élèves au niveau du premier cycle et le nombre moyen d'élèves par classe était de 70.

Mal nourris, peu ou pas instruits, les Maliens s'insèrent difficilement dans le tissu économique national : 67,5 % des chômeurs ont, au plus, un niveau d'instruction équivalant à six années d'études. La grande majorité de ces laissés-pour-compte est composée de jeunes : à Bamako, 48,3 % des chômeurs ont moins de 25 ans et 68 % moins de 30 ans. Le secteur moderne n'occupe que 10,1 % des travailleurs ; les autres sont vendeurs (20 à 30 %), ouvriers (10 à 15 %), employés non qualifiés (9 à 10 %)…

Mal nourris, peu ou pas instruits, sous-employés ou condamnés au chômage, les Maliens sont victimes du paludisme, d'infections respiratoires aiguës, de maladies diarrhéiques, auxquels s'ajoute le sida. Le taux de morbidité lié à cet ensemble de maladies est de 67,4 pour mille en 1997. Le taux de mortalité infantile et juvénile compte parmi les plus élevés au monde : de 112,5 pour mille pour les enfants de 0 à 1 an – la moyenne des PMA étant de 104 pour mille –, la mortalité infanto-juvénile (enfants de moins de 5 ans) s'élève à 237,5 pour mille. Quant à la mortalité maternelle, l'une des plus élevées de l'Afrique de l'Ouest, elle est de 577 pour 100 000 naissances vivantes.

Les autorités maliennes se voilent la face et déresponsabilisent les Malien(ne)s dans l'analyse de leur situation en occultant le lien évident qui existe entre l'état dramatique du capital humain et la nature des réformes économiques et structurelles mises en œuvre. S'agissant des taux élevés de morbidité et de mortalité, par exemple, le rapport stipule qu'ils s'expliquent par la malnutrition, les mauvaises conditions de vie des populations et leur accès limité aux services de santé. La culture cotonnière entièrement tournée vers l'exportation, la compression de l'emploi, le blocage des salaires, l'exigence de recouvrement des coûts des services, dont les soins de santé, sont autant de composantes des réformes néolibérales que le discours officiel préfère taire. Ce comportement, politiquement suicidaire, vise-t-il à ménager la susceptibilité des « gardiens du temple » ?

La manne financière qui le justifie – l'aide publique au développement – est évaluée à 150 millions de dollars entre 1993 et 1999, soit une moyenne de 50 dollars par Malien(ne) – 17 % du maigre revenu par tête, qui est de 280-290 dollars. Cette aide, qui nous impose tant de compromis et de compromissions, profite aux projets d'investissement et à la coopération technique qui leur est liée ; 60 à 70 % de cette somme vont aux programmes économiques et au soutien à la balance des paiements, soutien qui est passé de 15-20 % en 1993 à une moyenne de 8 % entre 1995 et 1998.

Les citoyens ordinaires sont donc privés des informations économiques susceptibles de les éclairer sur leur propre situation, et ce afin que l'État puisse continuer à bénéficier d'une « aide » extérieure qui ne cesse de diminuer et ne profite qu'aux pays « donateurs » et à une minorité de nationaux bien placés et initiés[1]. Les maux dont souffrent le

---

1. Selon certains observateurs, 70 % du montant des financements échappent aux Maliens. Les bureaux d'études, les fournisseurs, les experts et certaines ONG émanant des pays « donateurs » sont les premiers à en bénéficier. Les 30 % restants, eux, sont mal utilisés localement par les structures et les agents relais.

plus les populations ne relèvent pas des domaines prioritaires de l'aide au développement : ainsi, de 27 % en 1993, la part de l'agriculture est tombée à 8 % en 1998. Les secteurs vitaux de l'éducation et de la santé, qui bénéficiaient de 21,8 % de l'aide en 1995, ont vu en 1996 ce pourcentage baisser à 14,6 % avant de remonter à 20,1 %.

Le Mali dépend dangereusement de cette « aide extérieure », dont l'obtention est assujettie au paiement du service de la dette et à l'application rigoureuse des mesures dictées par le FMI et la Banque mondiale. Notre imaginaire politique est, encore une fois, agressé et piégé. Des vies humaines sont gâchées pendant que, dans les capitales euro-américaines, les théoriciens néolibéraux et les gouvernants des pays nantis desquels ils reçoivent leur mandat statuent sur notre sort. Qu'ils ne s'étonnent pas si des milliers de jeunes, filles et garçons, diplômés sans emploi, cherchent le salut dans l'exil, c'est-à-dire un ailleurs où tout ce dont ils sont privés dans leur pays est disponible. Leur basculement dans l'islamisme répond souvent au même besoin de donner un sens à leur existence. Dans ce cas, ils croient et s'investissent dans un au-delà qui est justice et clémence[1].

La révolution de mars 1991 a coûté au Mali, outre les décès et les mutilés, une partie de ses maigres acquis en matière d'équipements et d'infrastructures. De même, d'autres pays africains et du Sud ont enregistré de violents conflits dans le cadre de l'ouverture démocratique. « Comment prévenir de nouvelles explosions ? » est la question qui obsède à la fois gouvernants et gouvernés. Son pendant dans les pays nantis depuis le 11 septembre est : « Comment combattre le

1. J'ai rencontré ces derniers temps bon nombre d'acteurs de mars 1991 – étudiants, enseignants, journalistes – qui sont devenus de pieux musulmans. Nos luttes d'ici-bas ne les passionnent plus outre mesure.

terrorisme ? », c'est-à-dire la traduction la plus extrême du désespoir qui est en train de se mondialiser.

Cette réalité nouvelle et étonnante est riche d'enseignements : les États-Unis, pays « donateur », en situation de demandeurs à travers leur ambassadeur au Mali, voilà une situation inhabituelle. Il est à craindre que, en signe de reconnaissance pour les nombreux « services » rendus et en vue d'en obtenir d'autres, les autorités maliennes n'en fassent trop dans un contexte où il s'agit plutôt d'amener les États-Unis à faire preuve de sagesse et d'humilité dans leurs rapports avec le reste du monde. Il eût été opportun de rappeler à l'administration Bush que la dette extérieure qui hypothèque le processus de démocratisation du Mali s'élève à peine à 3,5 milliards de dollars – un montant dérisoire comparé aux sommes faramineuses englouties dans la récente tentative d'éradication du terrorisme.

Selon un adage africain, « le serpent qui mord a peur et sa victime aussi a peur ». L'attentat-suicide n'est ni une vocation, ni un choix, mais un acte de désespoir. Les candidats à ce type d'attaques en feront certainement l'économie le jour où l'écoute, le dialogue véritable et le respect mutuel l'emporteront sur la logique du profit, l'arrogance et le mépris. Pour l'heure, les réponses apportées à la pauvreté, au racisme, à la xénophobie et au problème palestinien ne rendent pas compte d'une volonté réelle de traiter tous les humains de cette planète sur un pied d'égalité. Mais, en Afrique, nous n'aurons qu'à nous en prendre à nous-mêmes si, au moment où nous dénonçons les politiques d'ajustement structurel imposées par la communauté des créanciers, nos propres dirigeants nous embarquent dans des programmes qui ne sont ni plus ni moins qu'une version tropicale des recettes que préconise cette même communauté.

Les dirigeants africains auraient dû, et doivent dans les circonstances actuelles, mettre l'accent sur la violence initiale qui a consisté à détourner la production agricole de la satisfaction des besoins alimentaires, à imposer pour les matières premières des prix qui ne tiennent pas compte de l'ensemble des facteurs de production, et enfin à entraver l'industrialisation du continent. La famine, les migrations internes et internationales, le dénuement matériel des campagnes et des villes, la grande vulnérabilité des sociétés africaines aux chocs extérieurs découlent de cette extraversion économique, que les dirigeants africains mentionnent sans en préciser toutes les implications politiques. Si le caractère rudimentaire des modes de production, la faible productivité de l'agriculture et l'évolution des cours mondiaux sont pris en compte, ce n'est que pour fixer les grandes orientations en matière d'infrastructures rurales et d'investissements privés.

Le NPAD[1], qui a le mérite d'exister, a l'inconvénient d'être le produit d'une démarche verticale, plus apte à séduire les IFI et les investisseurs étrangers qu'à répondre aux besoins réels des populations africaines. Aux maux du continent la Banque mondiale s'est toujours efforcée de répondre en termes de bonne gouvernance, d'ouverture aux investisseurs étrangers et d'infrastructures lourdes. Le NPAD relève de ces différents registres et, comble de l'ironie, l'étroite collaboration avec les institutions de Bretton Woods est recherchée tant dans la mobilisation des ressources que dans la mise en œuvre de ce partenariat.

Les causes du marasme africain vont encore une fois, si nous n'y prenons garde, être érigées en solutions. Le choix délibérément libéral de ce programme régional de sortie de crise en dit long sur l'attrait que continue d'exercer l'Occi-

---

1. Voir *supra*, note 2, p. 54

dent sur une certaine élite africaine. Et c'est préoccupant. Ces dirigeants sont habités par la peur d'être marginalisés, de ne pas être partie prenante de l'évolution économique mondiale. Ils estiment que l'Afrique est prête à sauter à pieds joints dans la révolution technologique avant même d'avoir trouvé une solution satisfaisante et durable à la crise de l'école, à celle du monde rural et à l'exil des bras et des cerveaux.

Le mythe qui nous vaut cette autre fuite en avant est celui selon lequel la diffusion des NTI (Nouvelles technologies de l'information) à grande échelle accélère le développement, alors que le système éducatif ne s'est jamais aussi mal porté et que les jeunes formés à grands frais au Nord y restent ou y retournent. Par ailleurs, chaque année, des centaines de professionnels africains hautement qualifiés (informaticiens, médecins…) sont contraints d'abandonner le continent faute d'emploi ou de salaires rémunérateurs. Ils sont remplacés par des expatriés dans le cadre de la coopération bilatérale et multilatérale, pendant que les cadres des entreprises étrangères se substituent à ceux des entreprises nationales, liquidées ou en voie de l'être.

Si les décideurs africains veulent aller dans le sens de l'Histoire, ils devront penser autrement, en ayant à l'esprit la véritable nature des règles du jeu et des rapports de force, qui nous sont plus que défavorables, et les nombreux préjudices subis par le continent au nom d'une certaine mondialisation. L'irrésistible besoin d'ailleurs qui habite la grande majorité des Africains et des Africaines n'est ni plus ni moins que l'expression de l'échec du développement et des transitions démocratiques. Cette réalité nous interpelle autant que l'Occident qui se barricade.

7

Besoin d'ailleurs

Je suis venu chercher du travail
J'ai tout laissé, ma femme, mes amis
Au pays, tout là-bas.
J'espère les retrouver tous en vie.

Francis BEBEY

Dans les rues de nos villes dépotoirs déambulent des milliers de candidats au départ que l'évolution économique du continent et du monde a fait basculer dans le néant. Ils rêvent d'un emploi sûr et bien rémunéré, d'un statut social qui leur garantirait respect et dignité et d'un futur qui effacerait à jamais de leur mémoire le spectre du chômage et de l'humiliation. Et partir semble être la seule porte de sortie. Ces naufragés du Sud estiment qu'il n'y a plus rien à faire, ni plus rien à attendre de leur pays, et particulièrement de ses dirigeants. Ils se recrutent dans tous les milieux, en ville comme à la campagne : jeunes diplômés sans emploi, chômeurs, paysans, éleveurs, cadres de haut niveau…

« Il y a rien à faire ici, grommelait Salia. Ne vois-tu pas ? Nous sommes tous assis, à longueur de journée. Aide-moi, s'il te plaît, à avoir un visa. »[1] Je regardais ma sœur qui avait accompagné chez moi son fils, un de ces milliers de candidats au départ. Je n'ai jamais rien refusé à Dah, l'aînée de mes sœurs. Elle a aidé notre mère à nous élever, m'a assuré le lait, les petits gâteaux secs et l'argent de poche quand j'étais à l'internat au lycée de jeunes filles de Bamako. Dah est ma sœur-amie. Et voici que le plus jeune de ses fils était prêt à tout pour fuir le chômage et le désespoir. Et moi, j'avais mal. Je ne voulais pas décevoir ma sœur mais je n'acceptais pas l'idée que mon neveu n'ait point d'autre choix que l'exil.

« Il y a tant à faire ici », tentais-je de le convaincre. Mais ce n'est jamais évident à prouver quand ceux qui ont rejoint « l'autre rive » envoient de l'argent, des médicaments, des fournitures scolaires, des vêtements, etc. Mes propos paraissaient totalement dérisoires et infondés face à ces signes évidents de réussite et de richesse, que seul le départ vers la France ou les États-Unis semble garantir. Ceux qui sont partis savent entretenir l'illusion que tout va pour le mieux à l'étranger en soignant leur propre image, en se vantant de pouvoir faire plus que leurs semblables qui, à longueur de journée, boivent du thé à l'ombre des arbres et vivent de débrouillardise, quand ils ne cherchent pas l'oubli dans la drogue ou l'alcool.

Je me devais, pour ma part, de sauver Salia, le cadet des fils de Dah. « Qu'y a-t-il à faire ici qui me permette de venir en aide à mes parents, de me marier et de m'installer ? me défia mon neveu. J'ai tout essayé. Le tracteur du vieux est

---

1. Outre qu'il favorise des passeurs véreux qui conduisent souvent les candidats au départ à la mort, l'esclavage des temps nouveaux donne également lieu à un commerce lucratif à l'échelle nationale, et ce même à très haut niveau. Ce sujet douloureux est actuellement au centre des débats sur la coopération franco-malienne.

en panne, les pièces de rechange coûtent les yeux de la tête. Le petit commerce ? Les clients prennent à crédit et ne remboursent pas. » Toutes ces réalités m'étant familières, je ne pouvais que les lui concéder. Mais je me disais en même temps que chaque Africain et chaque Africaine qui s'exile est une ressource nationale de moins. L'adage dit : « Ici-bas n'est pas un endroit où rester et l'au-delà n'est pas un endroit où aller. » Car nombreux, trop nombreux sont ceux et celles qui ne trouvent pas leur place au Nord. Ils vont grossir le lot des subalternes de la mondialisation qui ramassent les déchets, nettoient les toilettes, assument toutes ces tâches dont les locaux de là-bas ne veulent pas et qui ajoutent au mépris culturel et au racisme.

Ainsi, après la sueur et le sang des esclaves, le travail forcé des colonies, les matières premières mal rémunérées, l'Occident, sans coup férir, nous enlève nos enfants, me disais-je. L'implication de ma sœur dans cette négociation m'exaspérait et m'attristait à la fois car elle ne correspondait pas à l'attitude habituelle des mères africaines. Possessives, celles-ci préfèrent généralement garder leurs enfants auprès d'elles. Mais les voici à présent en train de chercher activement un visa et un billet d'avion. Elles prennent le risque de les laisser partir loin, très loin, vers des destinations dont elles ne savent rien la plupart du temps. Elles consentent à d'autres sacrifices en vendant, quand elles le peuvent, les quelques biens qui leur appartiennent : terrain, bijoux, bœufs, etc. Les policiers qui traquent les immigrés dans les aéroports ou les harcèlent dans les rues, et tous ceux qui les humilient loin d'ici, ne savent pas que chaque migrant est investi de l'espoir d'une mère, d'une sœur et parfois d'une épouse qui pleurent en attendant que la vie s'améliore ici. L'émigration est le meilleur indicateur de l'état des lieux dans un pays. Le FMI et la Banque mondiale qui engendrent la pénurie et le désespoir avec leurs programmes d'ajustement structurel devraient intégrer cette variable dans leurs calculs et cesser de pleurnicher sur le sort des Africains.

Ma sœur avait fait son devoir en vendant des vêtements d'enfants au marché de Bamako et en s'impliquant à fond, comme de nombreuses autres mères de famille, dans le commerce qui l'avait conduite à Abidjan, à Dakar, à Lagos, puis à Rabat, Alger, Djeddah. Épaulée par son mari, elle avait financé la scolarisation de ses enfants et avait subvenu à leurs besoins tout en veillant aux miens et à ceux de ses autres frères et sœurs. Pour ce qui était de ses enfants, l'école n'avait pas toujours tenu ses promesses. Dah, avec l'âge, n'était plus en mesure de voyager, et Salia voulait, pour cette raison, prendre le relais, prouver à sa mère qu'il avait grandi, qu'il était lui aussi capable d'apporter sa contribution aux dépenses de nourriture, d'électricité, d'eau, de médicaments et aux frais de scolarisation des nombreux petits-enfants entourant Dah. Je lui reconnaissais volontiers ce droit et ce devoir de solidarité, dans lequel je trouvais moi-même ma raison d'être.

Mon neveu me dévisagea comme pour me faire comprendre que, ayant moi-même réussi à étudier en Europe, je le privais de sa chance d'en faire autant. « Les temps ont changé, Salia, m'empressai-je de lui dire. Moi, j'ai bénéficié d'une bourse d'études après avoir obtenu le baccalauréat. Et je suis revenue précisément parce que je suis convaincue que tous ensemble, nous pourrons changer la situation, celle de la famille et celle du Mali. Et, par ailleurs, si j'avais la certitude que tu puisses entrer et sortir librement de France dans l'exercice d'une activité économique donnée, je ferais tout mon possible pour t'aider, Salia. Mais je ne peux ni t'aider, ni t'encourager à entrer dans le ghetto des immigrés d'Europe, qui, de plus en plus souvent, n'en sortent que menottes aux poignets. » Ma sœur, qui s'était mise à pleurer, sécha ses larmes quand je me mis à lui parler des mille et une difficultés et de l'humiliation qui attendaient ceux qui partaient « à l'aventure[1] ». Ce fut un immense soulagement quand je réussis à la convaincre.

Je lui racontai ainsi l'histoire de ce Malien que j'avais rencontré à bord d'un avion en provenance de Paris et qui, comme des dizaines d'autres, revenait au pays enchaîné comme un malfaiteur. Il était encadré par deux hommes. Quelque temps après le décollage, il m'interpella : « Ma sœur, ma sœur ! Savez-vous que j'ai les pieds et les poings liés et que ces deux messieurs qui m'encadrent sont des policiers ? Ils me ramènent chez nous ! – Comment ça ? ai-je réagi. – J'allais au travail, ils m'ont arrêté en cours de chemin. Mes papiers n'étaient pas en règle, et ils me reconduisent chez nous ! »

Furieuse, je me levai pour attirer l'attention des autres passagers sur les conditions dans lesquelles voyageait cet immigré refoulé. L'indignation était à son comble à bord de l'avion, et les deux policiers en civil étaient fort mal à l'aise. Je ne me souviens pas pourtant qu'ils aient libéré mon compatriote de ses chaînes. Feignant l'indifférence, ils écoutaient sans mot dire tout ce que moi et d'autres passagers tenions à rappeler au monde des nantis, nos anciens maîtres devenus amnésiques.

L'anecdote montre bien que cet irrésistible besoin d'ailleurs qui habite les jeunes, mais aussi les moins jeunes, des villes et des campagnes n'a pas fini de peser sur le pays.

---

1. Au Mali, les candidats au départ qui ne sont pas familiers avec le mot « émigration » disent qu'ils veulent partir « à l'aventure », sans toujours mesurer la nature des risques qu'ils prennent.

N'est-il pas révélateur de la vacuité du discours du FMI et de la Banque mondiale sur les performances économiques du Mali, quand on sait que ses ressortissants forment le plus gros contingent de demandeurs d'asile en France[1] ? L'exil est désormais la seule alternative offerte par le système néolibéral à la jeunesse désespérée du Mali, de l'Afrique et de l'hémisphère Sud en général. Et l'autre conséquence de cette tragédie est que le flux ininterrompu de chercheurs d'emplois vers le Nord n'encourage pas les jeunes Africains qui terminent leurs études en Europe à rentrer en Afrique. La boucle est ainsi bouclée : l'Afrique se vide à la fois de ses matières premières, de ses capitaux, de ses bras valides et de ses cerveaux. Il suffit d'ajouter à ce tableau le pillage des objets d'art pour avoir une idée de l'ampleur des ponctions opérées sur les ressources de ce continent. Il suffit également d'imaginer l'éventuelle inversion de ces tendances pour avoir un aperçu de l'autre Afrique possible, dont l'avènement exige le démantèlement des mécanismes multiséculaires de déshumanisation qui sont à l'œuvre.

C'est ce que j'ai essayé de faire comprendre en tant que membre du comité d'orientation du futur musée du quai Branly. Mais les conditions obscures dans lesquelles avait été acquise une pièce en provenance de mon pays me conduisirent à remettre ma démission. J'avais le sentiment que cette entreprise culturelle gigantesque et coûteuse, qui est tout à l'honneur du président Jacques Chirac, s'inscrivait dans cette volonté des Occidentaux d'avoir l'Afrique sans les Africains. Notre patrimoine culturel continue d'être

1. Sur la liste des pays demandeurs d'asile en l'an 2000 en France, le Mali occupe la première place avec 2 931 dossiers, devant la République démocratique du Congo (2 901 demandes). D'après *Jeune Afrique L'intelligent* (2001)

pillé, nos objets sacrés sont convoités, mais notre présence physique n'est pas souhaitée.

Les nations riches, car industrialisées aux dépens des économies exsangues du Sud, devront lâcher du lest, faire preuve de tolérance, de vision et de générosité. L'augmentation de l'aide publique au développement dans des proportions significatives, l'appui financier à des initiatives africaines pertinentes car concertées, et surtout l'annulation de la dette extérieure sont mille fois plus susceptibles d'endiguer le terrorisme et d'autres dérives que la chasse à l'homme que viennent d'entreprendre les grandes puissances occidentales après avoir été frappées au cœur et blessées dans leur orgueil. Car, comme je l'ai déjà évoqué, les jeunes exclus de la production, donc de la société, sont de plus en plus nombreux à satisfaire leur besoin d'ailleurs dans l'exil ou dans le fondamentalisme religieux. Dans ce dernier cas, ils deviennent les adeptes d'un monde où l'argent n'a qu'une importance relative et où le sacrifice de soi n'est que l'issue normale de la vie. C'est cet état d'esprit qui déroute le plus ceux qui ne croient que dans la dépense et la consommation sans limites.

À qui la faute ? À un système économique mondial malade car boulimique, injuste et indifférent au sort des trois quarts de l'humanité, prêt à faire rembourser aux enfants faméliques du Sahel ainsi qu'à leurs pères et mères une dette extérieure dont ils ne sont pas responsables et dont ils ignorent jusqu'à l'existence. L'invasion des « barbares » et le terrorisme qui sèment aujourd'hui la panique en Occident se soignent en fait, et à tous les niveaux. En modérant ses « appétits », en cultivant le sens et le souci de l'Autre, des autres, en épargnant leur vie et en restituant aux pays du Sud ne serait-ce qu'une partie de leur dû sur l'immense fortune qui fait perdre la tête à tant d'Occidentaux, ce système passera de la barbarie à l'humanisme. Les milliers de jeunes Africains qui tentent de forcer les portes de l'Europe, au risque parfois de périr lors de la traversée du Sahara ou du détroit de Gibraltar avant d'être refoulés à leur arrivée, ne vont chercher que ce dont l'ordre néolibéral les prive chez eux, ni plus ni moins. Il suffirait que les pays d'accueil et les gouvernements africains aillent au-delà des professions de foi, des actions dispersées et du saupoudrage pour que l'envie du retour sur soi et chez soi, qui est profondément enfouie en chaque émigré, refasse surface.

Le Mali, qui se vide plus que beaucoup d'autres pays africains de ses forces vives, aurait dû s'engager dans un débat de fond sur les véritables causes de tant de départs, souvent suivis d'un rejet par les pays d'accueil. Il ne s'en donne pas les moyens. Pourquoi ? Parce que la censure et l'autocensure règnent. Aucun gouvernement n'envisage d'aborder publiquement, à haute et intelligible voix, la question de l'émigration dans ses rapports avec les réformes néolibérales tueuses d'emplois. Les bas salaires, le sous-emploi, le chômage auxquels sont acculés un grand nombre d'Africains, et de Maliens en particulier, sont autant de phénomènes qui en font des partants volontaires. Le cas des enfants « esclaves » qui vont travailler dans les pays côtiers n'est que la partie émergée de l'iceberg, celle qui est exhibée et traitée dans la langue de bois des « développeurs » et des experts en « lutte contre la pauvreté ». En occultant les difficultés extrêmes qui poussent de nombreux parents à fermer les yeux sur le départ de leurs enfants de dix, douze ou treize ans, filles et garçons, les analystes ne font qu'accabler davantage ces victimes de l'évolution récente de nos sociétés. Il est temps, grand temps de parler vrai et de voir clair.

Les dirigeants du G8, qui, tout en se barricadant, nous invitent à ouvrir totalement nos frontières à leurs biens et services et nos esprits à leurs idées, ne savent pas qu'ils ont mis le feu aux poudres et jeté le trouble dans les âmes en Afrique. Nous vivons une situation de guerre larvée, parfois ouverte, en raison précisément du dogme libéral qui nous est imposé. Le drame est que les nations riches élèvent également des barricades dans leurs têtes, se cramponnent à leurs intérêts et à leurs certitudes. C'est ainsi qu'elles ont perdu à Durban une excellente opportunité pour se réconcilier avec leur conscience et avec les peuples victimes du racisme, de l'intolérance et de la xénophobie.

8

La leçon de Durban

Et je me dis Bordeaux, et Nantes et Liverpool et New York et San Francisco. Pas un bout de ce monde qui ne porte mon empreinte digitale.

Aimé CÉSAIRE

La réparation morale et l'indépendance nationale ne nous aveuglent pas, ne nous nourrissent pas. La richesse des pays industrialisés est aussi notre richesse.

Frantz FANON

En tant que femme noire et condamnée, à ce titre, à me battre sur de multiples fronts, je me suis souvent interrogée sur la ferveur de la communauté internationale en matière de défense de l'égalité des sexes pendant que celle des races demeurait tue. Innombrables sont, en effet, les projets et initiatives de libération des femmes, trop rares, voire infimes, ceux destinés à juguler le racisme, mon enfer et celui de tous les non-Blancs.

Je me suis toujours sentie en mesure de défendre mes intérêts, même si je n'obtiens pas nécessairement gain de cause, quand il s'agit des préjudices que je subis dans ma propre société en tant que femme. Je me bats en milieu connu. Je suis en revanche désemparée face à mes malheurs de femme de « race » noire. J'ai été confrontée à ce faux problème dès l'école primaire. Je sais à présent avec certitude que le monde global prôné par le discours dominant et qu'il nous invite à embrasser est gangrené par le démon du racisme. Il recule à certains endroits, dans certaines circonstances. Alors, les hommes fraternisent sans distinction de couleur, de sexe ou de religion. Mais il persiste ailleurs, ou peut resurgir sous des formes diverses, voilées ou ouvertes mais toujours violentes et humiliantes. L'homme cesse alors d'être le semblable, l'égal et le frère de l'homme, et la vie devient infernale. Il est à craindre que la réaction maladroite et disproportionnée des États-Unis aux attentats du 11 septembre ne réveille le vieux démon.

Les aéroports, les avions, les hôtels, les restaurants sont ces lieux de rencontres et de brassage où il m'arrive de souffrir le plus du racisme. J'étais un jour la seule femme noire en classe « affaires » à bord d'un avion reliant New York à Paris. Vêtue de mon beau boubou, bien dans ma peau, je me dirigeai vers mon siège après avoir présenté mon coupon d'embarquement à une première hôtesse de l'air. Je savais, par expérience, que je n'allais pas échapper à une vérification supplémentaire. Comme pour me donner raison, et alors qu'elle ne demandait rien aux autres passagers, presque tous mâles et blancs, une hôtesse qui ne m'avait pas vue présenter mon coupon à sa collègue vint vers moi et me pria de le lui montrer. Je n'étais pas d'humeur à me battre ce jour-là. J'obtempérai sans broncher et elle me remercia.

À bord d'un autre vol qui reliait Paris à Tokyo, je mis le chef de la cabine de première classe dans un embarras considérable : comment traiter une Africaine avec le même égard que ces hommes d'affaires qui paient, la plupart du temps, très cher pour voyager tranquillement entre riches ? Un à un, il aborda chaque passager et l'informa avec le sourire de la durée de vol et de la température au Japon. Je savais que j'avais toutes les chances de ne pas avoir droit aux mêmes égards. Mais, ce jour-là, j'étais d'attaque, prête à me défendre. Parvenu au niveau de mon siège, l'homme, plutôt affable, me fit un simple sourire avant de s'éloigner. Je l'interpellai alors et lui dis que j'étais curieuse de savoir ce qu'il venait de murmurer si gentiment aux autres passagers. Confus, il m'informa que la durée de vol allait être de dix heures trente, que nous aurions un beau temps au sol, et me souhaita bon voyage. Tout aussi mal à l'aise, la demi-douzaine de passagers « normaux » suivait discrètement la scène en me lorgnant par-dessus le journal qu'ils lisaient ou feuilletaient.

Au sol, sur le continent africain – ironie du sort –, il est des pays où la ségrégation raciale continue. Un jour, dans un grand hôtel de Harare, au Zimbabwe, un couple d'Européens refusa de prendre l'ascenseur avec moi. Une autre fois, dans la même ville, alors qu'avec un ami malien nous entrions dans un restaurant pour célébrer nos retrouvailles, nous vîmes tous les yeux se braquer sur nous. Et pour cause : le restaurant était vide de tout Africain. En fait, nous n'étions pas à notre place ; c'était aussi simple que ça.

J'ai l'impression, à chaque agression, à chaque négation, que tout mon être éclate et part en mille morceaux, qu'il me faut le reconstituer l'instant d'après pour réaliser que je suis bien là, que j'existe et que c'est probablement l'autre qui ne veut pas de ma présence, l'autre qui a des problèmes.

À Durban, lors de la Conférence mondiale contre le racisme, nous, Africains et descendants d'Africains déportés, tenions à rappeler que nous sommes du monde pour l'avoir parcouru et pétri de nos mains, avec notre sueur, nos larmes, notre sang.

La saignée a été pratiquée, deux siècles durant, par toutes les issues du continent, comme le rappelle Elikia Mbokolo à propos de la traite négrière : « Le Sahara (neuf millions), la mer Rouge (quatre millions), l'océan Indien (quatre millions) et l'Atlantique (onze à vingt millions). [La traite] s'est traduite par la servitude au profit des pays musulmans (du IXe au XIXe siècle) et dans le cadre du commerce régulier qui a permis aux Amériques et à l'Europe de poser les jalons du système qui continue de nous écraser [...]. Comment cela a-t-il été possible ? Et si longtemps, et à une telle échelle[1] ? » Le drame est que nous n'en avons pas fini avec l'esclavage, ni avec les séquelles économiques, politiques, sociales et psychologiques des crimes perpétrés contre notre race.

L'Occident, qui a besoin de se donner bonne conscience et de légitimer sa domination et son interventionnisme, n'aime guère que les dominés remuent le passé, et notamment les crimes qu'il s'autopardonne. Pour nous en tenir aux événements les plus récents, la façon dont la France interprète ses crimes en Algérie est, à cet égard, assez édifiante.

Les Occidentaux, même les plus conscients de la situation, ne sont décidément pas à l'aise quand il s'agit de l'état du monde et de leur responsabilité. S'agissant de la traite transatlantique, Jack Lang estime que les États qui l'ont pratiquée devront « demander pardon » et « présenter des excuses » mais, selon lui, ils ne peuvent être poursuivis deux siècles après avoir commis « un crime qui, à cette époque-là, n'était pas condamné par les lois internatio-

1. Elikia Mbokolo (2001), p. 32.

nales »[1]. Les intellectuels africains estiment que cette prise de position, louable, n'en est pas moins ambiguë.

À Durban, nous espérions que l'Occident et son « appendice américain », si prompts à juger, à condamner et à frapper fort, reconnaîtraient aux peuples noirs le droit à la réparation dont le peuple juif, lui aussi meurtri, a joui. L'holocauste était une ignominie que l'Occident a voulu réparer en tenant compte de la longue histoire de ségrégation qu'avaient connue les Juifs, notamment au Moyen Âge, où ils avaient subi des traitements inhumains. Il leur fallait une patrie, que l'Occident leur a attribuée en bafouant les droits d'un autre peuple, celui de la Palestine. Drissa Touré rappelle à cet égard que « l'Allemagne, en accord avec les autres États européens, a décidé d'indemniser les personnes ayant été déportées pendant la Seconde Guerre mondiale et qui ont effectué les travaux forcés[2] ». Ce qui frappe les non-Blancs en général, et les Africains en particulier, c'est le caractère différencié et inégalitaire du traitement des questions.

Les médias occidentaux se sont fait l'écho du dénigrement et des sarcasmes qui ont frappé l'idée de réparation des crimes commis contre les Africains et les descendants d'Africains déportés. En me rendant à la conférence de Durban, j'ai été témoin et victime d'une situation qui en disait long sur l'état d'esprit qu'ils étaient parvenus, avec les officiels, à créer au niveau de l'opinion occidentale, en l'occurrence française. Dans le restaurant du petit hôtel où je devais passer la journée lors de mon transit par Paris, les commentaires fusaient. Sourire en coin, le journal grand ouvert sous les yeux, une cliente s'étonnait et se moquait : « Ça alors ! Il paraît que les descendants des esclaves

1. Drissa Touré (2001).
2. *Ibid.*

d'Amérique exigent, eux aussi, une réparation ? Où allons-nous ? » Elle ne s'adressait pas à moi, mais n'avait visiblement aucun égard ni pour moi, ni pour les gens de ma race. Je savais qu'elle n'était pas la seule à penser ainsi mais, pendant le peu de temps que nous avons passé ensemble, je me suis permise de lui rappeler certains faits.

Il est toujours laborieux de s attaquer aux réactions individuelles, mais j'ai l'intime conviction que chaque clarification participe à l'éducation du regard de l'autre, qui est incontestablement victime du système ambiant. La communication a fait son effet, et je me suis liée d'amitié avec cette personne, qui m'a souhaité bonne chance pour ma mission à Durban. J'ai toutefois relevé dans ses propos l'expression « eux aussi », un rien discriminatoire, qui sous-entend que les Noirs se comparent, à tort, aux Juifs, dont le sort tragique est connu et qui ont eu droit à la fois au pardon et à une réparation. J'avais ainsi un avant-goût de la position des officiels européens et surtout de l'administration américaine, qui se disait prête, comme elle en avait averti le reste du monde, à quitter la conférence si nous ne renoncions pas à débattre des sujets qui fâchent : la réparation et l'assimilation du sionisme au racisme.

À Durban, il était question de douleur et de souffrance, celles d'hier et celles d'aujourd'hui : il s'agissait, pour l'humanité tout entière, de les diagnostiquer ensemble, de les prendre en charge afin de les apaiser et d'en guérir les victimes. Il était question d'écoute, de compassion – et non de pitié –, de prévention des haines et des souffrances à venir. Or la conférence a clairement montré que rien n'a changé dans la nature des rapports entre les anciennes puissances colonisatrices, auparavant impliquées pour la plupart dans le commerce transatlantique, et leurs anciennes colonies, excepté la forme et les mécanismes de la dépossession et de l'assujettissement. Ceux qui défendent bec et ongles l'ordre dominant à Washington, Bruxelles, Paris, Londres ou ailleurs s'inscrivent dans la même logique que les États d'antan, allant jusqu'à préconiser l'usage de la force, comme le montrent les frappes anglo-américaines sur l'Afghanistan. Ils opèrent des tris, alignent, jaugent, sanctionnent, au même titre que les États négriers d'alors dont ils sont les émanations. Certes, il n'est plus question d'hommes, de femmes et d'enfants capturés, enchaînés et traînés sur les lieux de vente, mais d'États-nations aux abois car appauvris, surendettés et acculés à s'endetter toujours plus par les besoins aigus de financement. Pourtant, le résultat est le même dans la mesure où, au sein de ces États mis au pas, vivent ou plutôt survivent des millions d'hommes, de femmes et d'enfants innocents. Ils paient pour une histoire de développement écrite par les puissances détentrices de richesses et pour une dette extérieure contractée à leur insu.

Le tour de passe-passe qui a permis à ces puissances de ramener le débat sur le racisme à l'allégement de la dette selon des modalités que nous ne cesserons jamais de contester révèle en fait la peur des possédants, conscients de l'énormité des atrocités commises et du coût exorbitant de leur réparation financière. Procéduriers à l'extrême, les pays nantis, États-Unis en tête, redoutaient que la conférence de Durban ne conduise à des conclusions judiciaires qui les obligeraient à mettre la main au porte-monnaie. Prêts à être remboursés sous n'importe quelle forme quand il s'agit de « leur » dette, les pays occidentaux ont craint de se retrouver dans la situation de débiteurs à laquelle ils nous ont réduits. Habiles et obstinés, ils sont passés de la défensive à l'offensive et ont réussi à faire admettre, une nouvelle fois, aux dirigeants africains que la bonne gouvernance et la lutte contre la pauvreté dans lesquelles ils se sont engagés étaient les seules voies réalistes et acceptables. Bien plus graves que l'amnésie et l'arrogance sont ces solutions que nous imposent les descendants de nos anciens maîtres : elles ne sont ni plus ni moins que des mesures de renforcement des politiques néolibérales en cours. Nous avons envie de dire, à la suite de Frantz Fanon : « Quittons cette Europe qui n'en finit pas de parler de l'homme tout en le massacrant partout où elle le rencontre, à tous les coins de ses propres rues, à tous les coins du monde[1]. »

« Le crime est instruit. Mais que pensent les jurys ? Mais qui sont les jurés ? Qui est l'avocat général de l'humanité ? » s'écrie Djibril Tamsir Niane du haut de la tribune de Durban[2]. Nous n'avons pas de réponse à ces questions. Le spectre de la guerre israélo-palestinienne qui a plané sur la conférence n'occulte en rien la nature et le fond de la tragédie africaine. Si le sionisme ne peut être assimilé au racisme, le sort tragique des Palestiniens n'en est pas moins lié à la dernière histoire d'occupation et de colonisation au monde. Aujourd'hui, Israël est bel et bien le seul lieu sur terre où, sans ambages, les dominants sont désignés par le mot « colons ».

J'adhère aux propositions émises par le président Mamadou Dia lors du symposium sur l'initiative de Gorée[3], qui s'est tenu en juin 2001 à Dakar :

– la proclamation d'une nouvelle déclaration contre l'esclavage ;

– la mise en place de tribunaux internationaux pour crimes économiques ;

1. Frantz Fanon (1966), p. 239.

2. Djibril Tamsir Niane (2001).

3. Cette initiative tire son nom de l'île de Gorée, au large de Dakar, qui a été l'un des principaux lieux d'embarquement des esclaves vers les Amériques entre le XVIIe et le XIXe siècle.

– la création d'un fonds spécial des Nations unies pour la réparation, alimenté par un impôt spécial dont s'acquitteraient les nations héritières du système de l'esclavage, auquel s'ajouterait le produit d'une taxe sur les bénéfices colossaux que réalisent les multinationales, sans aucun frais, sur les ressources du continent[1].

Sur ce dernier point, l'idéal serait à mon sens de promouvoir une vision africaine de l'entreprenariat et de l'investissement, fondée sur le respect humain et l'éthique en politique. L'Afrique se doit dans le même temps de consolider les liens qui l'unissent à sa diaspora, et ce dans tous les domaines : culturel et artistique, comme c'est déjà souvent le cas, mais également économique et politique. Ces échanges d'un type nouveau s'inscriraient dans l'objectif qui vise à relancer la production en Afrique, celle des biens mais aussi celle du sens, c'est-à-dire des valeurs morales et philosophiques. Une telle orientation serait sans doute le meilleur hommage que le continent noir puisse rende à Toussaint Louverture[2].

Mais, à Durban, les puissants de ce monde ont refusé de donner sa chance à la paix intérieure, gage de paix entre les nations. L'Europe, qui n'a pas quitté la conférence, a longtemps tergiversé avant de décider de s'en tenir à ces mêmes conditionnalités qui accentuent la pauvreté en prétendant l'atténuer. La plupart du temps, cette manœuvre de diversion atteint son but grâce à la complicité de certains dirigeants africains soucieux de rester dans les bonnes grâces de l'Occident. Il n'est pas rare qu'ils prennent les devants et

1. Mamadou Dia (2001).

2. Toussaint Louverture est un général haïtien qui dirigea la révolte noire au XIXe siècle. Il symbolise aujourd'hui encore la lutte du peuple noir pour la reconquête de sa liberté et de sa dignité.

imposent à ceux et celles qui résistent et contestent de taire leurs griefs à propos de la traite, de l'esclavage et du colonialisme pour faire face aux vrais défis du troisième millénaire. Dédaigneux des préoccupations de leurs populations, ils se mirent dans le regard des grandes puissances, s'empressent de se soumettre à leurs exigences en matière de « bonne gouvernance » et se désolidarisent de leurs sociétés civiles lorsqu'elles tentent de soulever des pans de l'Histoire susceptibles de réhabiliter l'Afrique dans ses droits. Mendicité oblige.

La question de la responsabilité de l'Afrique dans l'esclavage, relative aux conditions dans lesquelles les esclaves étaient livrés, ne doit pas être écartée. Au Congo, sous le régime du roi Léopold II, le chef du village, devenu agent au service du gouvernement belge, devait fournir les captifs. Il choisissait les victimes et était à l'occasion épaulé par les soldats. Rosa Amelia Plumelle Uribe ajoute que, « partout où des rapports d'asservissement et de destruction doivent s'installer, le groupe dominant sait qu'il suffit de maîtriser le ou les chefs du groupe dominé pour s'assurer le contrôle des populations entières[1] ».

Les États négriers, aujourd'hui industrialisés et riches, voudraient effacer de notre mémoire ces faits passés mais pour nous essentiels, qui éclairent d'un jour nouveau les questions les plus actuelles telles que la genèse et la nature du commerce mondial, l'origine de la fortune des gagnants du moment et celle de la marginalisation du continent africain. « Les grandes compagnies de traite se constituèrent dans la seconde moitié du XVIIe siècle, parallèlement à la redistribution entre les nations européennes des Amériques et du monde, que le traité de Tordesillas (1494) et plusieurs

1. Rosa Amelia Plumelle Uribe (2001), p. 105.

textes pontificaux avaient réservés aux seuls Espagnols et Portugais. Français, Britanniques et Hollandais, [...] mais aussi Danois, Suédois, Brandebourgeois, [...] c'est toute l'Europe qui participe par la suite à la curée[1]. »

De 1454, date à laquelle le pape Nicolas V autorisa le roi du Portugal à pratiquer l'esclavage, à 1880, date de son abolition à Cuba, des millions d'hommes, de femmes et d'enfants furent capturés et déportés, des millions d'autres massacrés pour la simple raison qu'ils étaient noirs. Et sur l'autre rive, en Amérique, ils furent séparés, torturés, humiliés et surexploités.

En France, le Code noir conçu par Colbert et proclamé en 1685 par Louis XIV ne fut aboli en 1848 que pour jeter les bases de l'asservissement sans la déportation : la colonisation. Il statuait sur l'infériorité et l'incapacité juridique des esclaves, leur interdisant, entre autres, de vendre le produit de leur travail (article 18), de posséder et de conclure quoi que ce fût (article 28), les condamnant à subir la peine de mort pour tout geste ou acte de violence contre le maître et pour les viols qualifiés (article 35), ainsi qu'à faire office de biens meubles (article 44), susceptibles d'être saisis pour rembourser la dette du maître (article 46). Le code de l'indigénat, qui proclamait l'infériorité et l'incapacité juridique des colonisés, obéissait à peu de chose près aux mêmes principes, lesquels sont aujourd'hui encore profondément ancrés dans l'esprit de certains « partenaires au développement ».

Les propriétaires d'esclaves furent indemnisés au moment de l'abolition officielle de la traite et de l'esclavage ; les descendants d'Africains déportés, et l'Afrique elle-même, victimes de ce préjudice unique dans l'histoire de l'humanité, demandent à leur tour réparation. Il s'agit de faire en sorte

1. Elikia Mbokolo (2001), p. 33.

que la repentance serve le présent, qu'elle soit un acte de libération véritable, le poids de la dette extérieure étant le boulet au pied du continent noir.

D'ailleurs, de quelle dette parle-t-on ? L'esclavage a joué un rôle décisif dans l'accumulation primitive de capital nécessaire à la construction de l'économie européenne. C'est pourquoi l'Afrique demande aujourd'hui à ce que l'on confronte les factures. La masse monétaire que nous sommes censés devoir aux pays occidentaux a déjà été remboursée au triple, sans compter que les États négriers ont envers l'Afrique une dette de sueur et de sang qui, puisqu'ils s'obstinent à la nier, constitue un énorme manque à gagner, tant au plan financier et économique qu'au plan social, psychologique et moral.

La reconnaissance par la France du couple traite-esclavage comme un crime contre l'humanité est un pas important, mais nettement insuffisant au regard de notre soif de justice et d'humanité. « L'initiative revient à une Noire, députée de Guyane, dont cette loi porte le nom. Pourtant, il y a un abîme entre la rigueur sereinement revendicative du texte qu'elle proposait à la Commission des lois et au gouvernement de la "gauche plurielle", et la grandiloquence du texte voté. En clair, le texte de la députée exigeait condamnation, mémoire, justice et réparation. Endoctrinées par le gouvernement, la "gauche plurielle" et la Commission traduisaient condamnation, pédagogie et repentance […]. La France larmoiera à dates fixes et gérera uniquement dans le symbolique son immense dette envers les descendants de ses déportés d'Afrique par tous les embarcadères des côtes du continent noir, dont Gorée au Sénégal[1]. » Drissa Touré, lui, estime que les dirigeants des

1. Louis Sala-Molins, *in* Rosa Amelia Plumelle Uribe (2001), p. 20.

anciens États négriers veulent se dédouaner à bon compte en refusant « d'assumer de manière pleine et entière leurs responsabilités politiques et morales[1] ».

Selon Rosa Amelia Plumelle Uribe, le tort d'Adolf Hitler aura été « d'introduire la politique d'anéantissement systématique des populations dites “inférieures” à l'intérieur des frontières européennes, dans une espèce d'accomplissement de ce qui en Afrique et en Amérique aura été une répétition générale[2] ». L'auteur de *La Férocité blanche* rappelle que « les Noirs séparés à jamais de leurs enfants, de leurs femmes, de leurs maris, de leurs frères et sœurs et parents, rabaissés à la condition de sous-hommes, animalisés, traités en marchandises, ont vécu des souffrances et un désarroi aussi déchirants et pathétiques que ceux des victimes d'Auschwitz au moment des séparations. Il s'agissait d'autant d'arrachements avant la mort. Si ce rapprochement choque les Européens, c'est simplement parce qu'Auschwitz appartient à leur mémoire, alors que le calvaire, la souffrance et la mort de millions d'hommes, de femmes et d'enfants qui payèrent de leur vie la suprématie blanche ne sont jamais entrés dans la mémoire du monde occidental[3] ».

Les amalgames sont bons pour nous démobiliser, nous dissuader de la nécessité de faire le lien entre le commerce transatlantique et l'état actuel des lieux. Amady Aly Dieng souligne à ce sujet : « Avec l'industrialisation des pays européens et américains, la machine remplace l'esclave, qui devient un salarié. C'est pourquoi l'Angleterre, premier pays industrialisé, a aboli la traite dès 1807. La France, tardivement industrialisée, ne l'a fait qu'en 1848. Il a fallu,

1. Drissa Touré (2001).
2. Rosa Amelia Plumelle Uribe (2001), p. 123.
3. *Ibid.*, p. 78.

entre-temps, que les esclaves eux-mêmes résistent et démontrent que l'esclavage ne pouvait pas durer. Cette date marque le début de l'économie de traite plus conforme à la nouvelle économie métropolitaine d'alors[1]. »

L'esclavage domestique est évoqué pour rappeler aux Africains que les négriers n'avaient pas le monopole de la domination et de l'exploitation. À partir de 1848, l'application du décret d'abolition en Afrique engendra des frictions entre les Français présents à Saint-Louis et les souverains des États et royaumes qui employaient des esclaves domestiques. Les débiteurs insolvables pouvaient également se livrer eux-mêmes – éventuellement avec leur famille – et racheter leur liberté en travaillant.

La responsabilité du Moyen-Orient et celle du Maghreb sont également évoquées pour évacuer le débat sur la réparation ou le faire passer pour une exigence des Africains envers les Arabes. L'Afrique centrale et orientale porte en effet les stigmates de cette autre traite, plus ancienne et plus longue que la traite atlantique, et qui fut elle aussi impitoyable et florissante pour les marchands arabes qui l'ont pratiquée. Elle est à l'origine du racisme anti-Noirs qui persiste dans les pays arabes et empoisonne de temps à autre les rapports entre individus et entre nations.

Mais ce commerce, tout odieux qu'il ait été, n'a pas consisté dans la déportation de masse et la déviation des économies africaines, dont les multiples séquelles handicapent l'Afrique contemporaine. Le commerce transatlantique, en revanche, participait d'un système, relevait d'une logique qui se poursuit en épousant des formes nouvelles et insidieuses. La colonisation était une réponse au manque à gagner que l'abolition de l'esclavage avait engendré. La

1. Amady Aly Dieng (1998), p. 29.

politique post-coloniale des puissances occidentales repose sur ce même besoin de disposer de l'Afrique et des Africains, du continent pour ses matières premières, des hommes en tant que consommateurs des biens et services de l'ancienne métropole.

La traite transatlantique représente avec la colonisation « une effraction exogène unique dans l'histoire par sa magnitude, sa durée dans le temps (cinq siècles), son extension dans l'espace et sa marque indélébile sur toute l'espèce humaine[1] ». Le professeur Joseph Ki Zerbo estime qu'il faut éviter de la confondre avec les formes antérieures ou postérieures d'esclavage dérivées des différents systèmes de production, qui sont loin d'avoir eu les mêmes effets destructeurs sur l'Afrique. Pour Elikia Mbokolo, qui va dans le même sens, ce n'est pas un hasard si la « traite » dans l'absolu, « c'est-à-dire la traite européenne et transatlantique, [est celle] qui retient le plus l'attention et suscite le plus de débats [...]. Elle est celle qui s'est attachée de manière exclusive à l'asservissement des seuls Africains tandis que les pays musulmans ont asservi indifféremment des Blancs et des Noirs. Elle est enfin celle qui, de toute évidence, peut le mieux rendre compte de la situation actuelle de l'Afrique dans la mesure où en sont issus la fragilisation durable du continent, sa colonisation par l'impérialisme européen du XIXe siècle, le racisme et le mépris dont les Africains sont encore accablés[2] ».

Si l'on prend conscience de l'ampleur de cette tragédie et de l'injustice qui se perpétue, on ne peut que se montrer exigeant(e) envers soi-même.

---

1. Joseph Ki Zerbo (2001).
2. Elikia Mbokolo (2001), p. 32.

9

Le nom de la femme

Accroupis au bord de la rive du Temps
Un bout de rêve dans un bout de pagne.

Bernard DADIÉ

« Qu'ai-je fait moi-même ? » et « Que puis-je faire d'autre ? » sont, avec l'incontournable « Qui suis-je ? », quelques-unes des questions que je ne cesse de me poser, comme tant d'autres Africains et Africaines pris en tenailles entre, d'un côté, le mépris, l'hypocrisie et la convoitise des possédants qui ne pensent qu'à préserver leurs intérêts, et, de l'autre, le manque de vision et de courage politique qui caractérisent la plupart de nos dirigeants. La revanche que nous voulions et voulons toujours prendre tant sur le système colonial que sur les régimes dictatoriaux consiste bel et bien dans le contrôle de l'initiative individuelle et collective dont chacun a le sentiment d'avoir été dessaisi. Mais dans quelle mesure cette Afrique à imaginer et à venir s'accommode-t-elle de la participation active des femmes ? Pouvons-nous, pourrons-nous nous tenir debout auprès de nos hommes et revendiquer, en même temps et au même titre qu'eux, un nouvel ordre local et mondial ?

J'ai, pour ma part, choisi de répondre à ces questions essentielles en dehors du champ des partis politiques. L'écriture de *L'Étau*[1] m'a édifiée quant à la vanité du pouvoir dans nos pays surendettés sous tutelle du FMI et de la Banque mondiale. Je m'imaginais également la solitude et la misère des décideurs consciencieux et moralement responsables qui n'ont ni les moyens ni la liberté de coller aux réalités de leurs peuples. Aussi ai-je qualifié de « redoutable défi[2] » la situation dans laquelle je me suis trouvée en acceptant, en septembre 1997, le poste de ministre de la Culture et du Tourisme que m'offrait Ibrahim Boubacar Keita, alors Premier ministre du Mali.

Je savais que j'allais devoir me soumettre, en tant que membre du gouvernement malien et écrivain contestataire, au difficile exercice du miroir, qui consiste à se regarder droit dans les yeux sans sentiment de honte ni de culpabilité. Je ne voulais pas m'exposer en m'engageant dans une situation où gouverner reviendrait à obéir à des acteurs extérieurs, lointains et plus ou moins concernés. Les marges de manœuvre des États africains étant celles que leur concèdent les institutions financières internationales, vouloir du pouvoir équivaut à prendre le risque de tromper les victimes du système néolibéral et à s'exposer à leur mépris, à moins que le champ politique ne se prête aux débats de fond et ne procède aux remises en question qui s'imposent – ce qui n'est pas encore le cas. Aussi m'importait-il de garder à l'esprit l'un de ces enseignements que je tiens de ma mère, qui m'a toujours dit que le nom de la femme est *soutoura*. Ce mot renvoie à la fois à la connaissance, à l'estime et au respect de soi, qui sont des exigences auxquelles l'on doit se conformer si l'on veut

1. Aminata Traoré (1999).
2. *Ibid.*, p. 17.

obtenir le respect des autres, ce qui. du point de vue de ma mère, est essentiel pour une femme.

C'est pourquoi je fus d'abord contrariée, et même peinée, par la proposition d'Ibrahim Boubacar Keita. Mon livre n'avait pas encore paru mais mes vues et mes prises de position contre l'ingérence des IFI dans la gestion de nos économies et de nos vies, sans qu'il ne leur en coûte rien en cas d'échec, étaient connues de mes compatriotes. J'ai donc signifié ma surprise à IBK et lui ai exprimé mon regret de devoir décliner son offre.

Cette proposition surprenante s'inscrivait dans un contexte de crise politique grave : les partis d'opposition qui contestaient les résultats des élections présidentielles de 1997 étaient réprimés par le pouvoir, qui était allé jusqu'à arrêter et emprisonner certains leaders. Contrariée et agacée par la focalisation du débat politique sur l'organisation et le déroulement des élections, j'avais invité les intellectuels et artistes maliens à se mobiliser pour rappeler à la classe politique que les enjeux de la démocratie se situaient à d'autres niveaux, ceux du désendettement du pays, du contrôle citoyen sur les ressources mobilisées et leur allocation, de l'emploi, de l'éducation, de la santé, de l'alimentation et de la qualité de la vie. Je dus rappeler au Premier ministre que ce serait trahir cet engagement que d'accepter de rejoindre le rang des gouvernants, lesquels se montrent aveugles, sourds et muets lorsqu'il s'agit des programmes d'ajustement structurel et de la dette extérieure. Ibrahim Boubacar Keita me répondit que ces questions préoccupaient également le gouvernement, dont certains membres approuvaient mes prises de position, et que mon entrée dans son équipe me donnerait l'occasion d'œuvrer de l'intérieur et de donner le meilleur de moi-même, notamment dans le secteur culturel, où j'avais déjà posé des jalons.

Ces arguments eurent raison de ma méfiance, sans pour autant que je sois convaincue de l'utilité pour moi de devenir membre du gouvernement. Je proposai alors les noms de différents acteurs culturels pouvant remplir la fonction que le Premier ministre attendait de moi. Il faisait non de la tête à mesure que je les énumérais. De guerre lasse, je lui demandai de me laisser le reste de la journée pour réfléchir et consulter mes parents, notamment ma mère. Acceptant ce délai, il me félicita pour avoir mobilisé les intellectuels tout en soulignant que l'idée de me confier le poste de ministre de la Culture et du Tourisme n'avait aucun lien avec la création de ce réseau. Quand je lui fis remarquer que je le dérangerais en tant que membre du gouvernement, il répliqua que je le dérangeais déjà mais qu'il ne s'agissait ni de lui, ni du chef de l'État, qui serait heureux si j'acceptais, mais du Mali qui, me dit-il, avait besoin de moi.

C'est ainsi que IBK fit fléchir ma résistance. Au moment où je le quittai, j'étais à peu près convaincue que je pouvais effectivement faire davantage pour notre pays si le président de la République et lui-même acceptaient de dialoguer. Son insistance avait été telle que, de toute façon, un refus obstiné aurait été interprété comme de la défiance, voire une déclaration de guerre. Les amis artistes et intellectuels que j'ai consultés aussitôt après notre entretien avaient le même sentiment. Ma mère, quant à elle, était franchement réticente envers tout rapprochement du pouvoir. « Les mêmes mains qui applaudissent quand vous montez sur le trône sont celles-là qui applaudissent également quand vous chutez », me dit-elle. La trahison, la violence et la haine étaient, selon elle, les caractéristiques actuelles du pouvoir dans nos pays. Elle avait à l'esprit les événements sanglants de mars 1991. Mes frères et sœurs réussirent à la convaincre en lui expliquant qu'il s'agissait précisément de servir le Mali et de le mettre à l'abri d'autres violences.

Ma décision fut définitivement prise lorsqu'une femme de mon quartier, à qui je faisais part de mes craintes, m'interpella en ces termes : « Que crains-tu ? Es-tu en train de me dire, après avoir créé le Djenné et le San-Toro[1], que tu peux pour toi-même et rien pour ce pays ? » Je n'avais pas de réponse à cette question. Elle me défiait. J'entrevis alors, avec foi et enthousiasme, la possibilité de porter à l'échelle du Mali le travail d'articulation de l'économie et de la culture auquel je m'attelais depuis le début des années 1980 au niveau de ma famille et de mes petites structures.

À la fin de cette longue journée de concertations, une voiture qui m'attendait à l'angle de ma rue me conduisit auprès du Premier ministre. Je lui dis : « On va essayer. » Il me serra la main et informa aussitôt le président de la République de la nouvelle. La joie avec laquelle ma réponse fut accueillie me parut excessive et m'intrigua. Pourquoi attachaient-ils tant d'importance à mon entrée au gouvernement ? Et que me voulaient-ils ? Était-ce de leur part l'expression d'une plus grande ouverture aux idées que je défendais pour avoir vérifié leur bien-fondé après cinq années d'exercice du pouvoir ? Je me répétais que j'avais, en tout état de cause, le devoir de donner le meilleur de moi-même pour démontrer que la culture est notre principal recours dans la quête d'alternatives qui interpelle le Mali et l'Afrique. Je tins toutefois à m'assurer que je n'allais pas être privée de ma liberté de mouvement, d'opinion et d'expression. Le Premier ministre me le garantit et m'assura, lorsque je lui posai la question, que mon département allait être doté des ressources nécessaires à la mise en

1. Voir *infra*, p. 178 et suivantes.

œuvre des principes que je souhaitais promouvoir dans les deux secteurs qui m'étaient confiés. Je n'étais pas particulièrement heureuse d'avoir à gérer le tourisme, un couteau à double tranchant dans mon pays, mais je me promis de lui donner une orientation nouvelle conforme aux intérêts du peuple malien.

Comme une traînée de poudre, le bruit de ma prochaine nomination au gouvernement fit le tour du pays et de la diaspora malienne. Après le remaniement ministériel, ce fut l'euphorie, surtout dans le monde de la culture. Les opposants au régime d'Alpha Oumar Konaré, eux, étaient déçus. À leurs yeux, je représentais l'un des membres de la société civile qui devaient conserver leur liberté d'expression et de mouvement. D'autres compatriotes, soucieux de la pérennité de mes initiatives personnelles dans le secteur de la culture et de l'artisanat, appréhendaient la paralysie qui guettait mes structures. Le fait que l'artisanat, qui est à la fois ma passion et mon cheval de bataille, ne m'ait pas été confié suscita de nombreux commentaires, en ville comme à l'étranger. Naïvement, j'avais moi-même demandé à IBK pourquoi ce département avait été dissocié de celui de la culture. Il m'avait expliqué que le Président souhaitait d'abord me voir faire mes preuves en matière d'articulation de la culture et du tourisme, ce qui représentait un grand défi à relever. Quant à ceux qui avaient vu dans la création du réseau des intellectuels et des artistes l'amorce d'un mouvement citoyen original, ils craignaient fort que cette initiative ne périclite, puisque j'aurais désormais peu de temps à consacrer au dialogue politique que nous nous proposions d'instaurer et d'animer en tant qu'acteurs culturels.

À peine nommée, je m'investis à fond dans la réflexion, la recherche d'idées et d'orientations favorables à une prise en compte effective de la culture dans tous les aspects de la reconstruction du Mali. La consultation nationale de novembre 1997, qui mobilisa quelque 150 hommes et femmes de culture ainsi que les professionnels du tourisme, fut l'un des temps forts de cette démarche. Il s'agissait de renouveler les concepts et le cadre analytique du développement de ces deux secteurs et de permettre leur réappropriation par le plus grand nombre. Enthousiasmée et encouragée par la motivation et l'engagement des acteurs culturels, je m'empressais de rendre compte au gouvernement des orientations explorées et de la dynamique en gestation. Nous nous proposions de quitter les sentiers battus afin que la culture et le tourisme comptent parmi les instruments privilégiés de l'édification d'un ordre local, national et mondial plus intelligible, plus équitable, et surtout plus humain.

Aussi avons-nous fait référence à la conception de l'homme (*maaya*[1]) et au rapport du soi à l'autre, notamment à l'étranger (*diatiguiya*). Sur la base de ces deux concepts, mon département, toujours avec la participation active d'artistes, d'hommes et de femmes de culture, a proposé une nouvelle grille de lecture assortie d'une stratégie d'autant plus riche de promesses que les populations en maîtrisaient les principes, le contenu et les modalités de mise en œuvre. Le tourisme culturel, au-delà des loisirs et des intérêts financiers de quelques opérateurs économiques, devait désormais participer, sur la base de *maaya* et *diatiguiya*, à un projet social et politique qui nous réconciliait avec nous-mêmes. Il s'agissait également d'une nouvelle

---

1. *Maaya* a été défini par les acteurs culturels réunis dans le cadre de la consultation nationale comme « l'ensemble des valeurs morales, spirituelles et intellectuelles qui font d'un individu un être social et sociable qui a des droits et des devoirs ». Voir Ministère de la Culture et du Tourisme (1998).

prise de responsabilité quant à nos rapports aux autres, mais aussi au patrimoine culturel et à l'écosystème. Le peuple malien comprit parfaitement qu'il n'allait plus assister en simple spectateur à ce nouveau type de rapport à l'autre qu'est le tourisme culturel, qu'il pouvait se mobiliser, participer, s'assumer et jouer pleinement son rôle dans la (re)découverte du Mali et dans la rencontre d'autres peuples qui venaient à nous.

Cette approche si simple, si actuelle et parfaitement nôtre a considérablement perturbé les tenants d'une certaine pensée unique en matière de développement culturel et touristique. Le schéma proposé ne leur était ni familier, ni profitable à court terme. Il ne s'agissait plus de gains immédiats en « vendant » notre pays, vite fait bien fait, à des visiteurs pressés et téléguidés, mais de créer un état d'esprit nouveau ainsi qu'un environnement social, culturel et économique grâce auxquels le voyage se ferait découverte de soi et de l'autre et deviendrait une belle fête.

Le fleuve Niger et la ville de Tombouctou devaient être les premiers axes de cette démarche audacieuse. Mais certains professionnels du tourisme et décideurs politiques fourbirent leurs armes et ramenèrent le débat sur le seul et unique terrain qui leur fût familier et comptât à leurs yeux : l'argent. C'est ainsi que l'État choisit de me sacrifier sur l'autel de la gouvernance subjective et médiatique.

L'intoxication de l'opinion publique consista à agiter des chiffres fantaisistes et à essayer par tous les moyens de dénigrer mes initiatives et de me faire passer pour celle qui cherchait à s'enrichir. Je compris que, dans un pays financièrement démuni comme le nôtre mais à cheval sur l'éthique, les diffamateurs jouent sur la capacité de nos concitoyens à s'indigner.

J'avais, à les en croire, détourné des milliards de francs CFA. Pourtant, mon département n'avait perçu pour le projet « Tombouctou 2000[1] » que 40 millions de francs CFA de la part de la présidence, au lieu des 120 millions requis. Il fallut que le ministère des Finances accepte de mettre à la disposition de mon département une somme de 45 millions de francs CFA supplémentaires, initialement prévue pour financer le traitement des archives cinématographiques du Mali en Yougoslavie mais qui redevenait disponible en raison du conflit qui avait éclaté dans ce pays. La contribution des sponsors a tout juste atteint 10 millions. Jamais au Mali un événement d'une telle envergure n'a réussi à aboutir avec si peu de moyens. Le budget de l'État et les ressources de l'OMATHO[2] ont complété ce fonds dans des limites plus que raisonnables. Les concerts qui eurent lieu à Tombouctou ont enregistré la participation de nombreux artistes de renom maliens et africains, qui se sont produits sans demander de cachet.

À l'issue de cette expérience, ma thèse sur nos potentialités et sur une nouvelle politique culturelle et touristique se vérifiait. Elle s'était également enrichie d'une dimension que je n'aurais jamais soupçonnée si je n'avais pas occupé ce poste ministériel. Je m'imaginais que la foi, le sens de

1. « Tombouctou 2000 » a été une expérience inédite de (re)découverte du Mali par les Maliens – dont la majorité n'a jamais voyagé par bateau –, en compagnie de visiteurs venus d'autres pays africains (Sénégal, Mauritanie, Côte-d'Ivoire...), d'Europe et des États-Unis. À bord du *Kankou Moussa*, rénové par des artistes peintres, quelque 150 passagers, dont des poètes, des musiciens, des peintres, des cinéastes, des historiens..., ont participé à une croisière culturelle sur le fleuve Niger. Ils ont été rejoints par avion et par voie terrestre à Tombouctou par plusieurs centaines de personnes. L'hébergement, la restauration et la vente de produits artisanaux ont permis à de nombreux Tombouctiens de générer des revenus. Des débats, des concerts, des expositions ont eu lieu.

2. Office malien du tourisme et de l'hôtellerie.

l'engagement, la gestion responsable des biens de l'État allaient me mettre à l'abri de l'adversité. J'ai vite compris que ces vertus ne suffisent point, et qu'il ne s'agit pas même d'éthique quand des intérêts privés, financiers et politiques sont menacés.

Les rumeurs persistantes selon lesquelles j'avais détourné de l'argent s'étant révélées sans fondement, il fallait chercher du côté des erreurs que j'avais pu commettre dans l'affectation et la coordination des tâches ainsi qu'en matière de respect des textes de loi. L'interrogatoire auquel me soumit l'État malien à ce sujet eut lieu entre le 11 et le 14 juillet 2000, au moment même où le PNUD[1] m'invitait pour m'exprimer sur le développement humain et les droits de l'homme au Palais des congrès de Bamako. Drôle de coïncidence !

Le 13 juillet, j'étais l'un des deux principaux intervenants de l'atelier qui devait précéder le lancement officiel, par le président de la République, du rapport mondial 2000 du PNUD sur le développement humain. Mon intervention portait sur la gouvernance globale, c'est-à-dire l'impérieuse nécessité pour la communauté internationale d'instaurer un ordre économique ainsi qu'un climat social et politique qui soient effectivement favorables au développement humain et au respect des droits de l'homme. Et je parlais en connaissance de cause : j'avais subi injustement, la veille, trois heures d'interrogatoire poli mais musclé au nom de la lutte contre la corruption.

C'est par un simple coup de fil qu'il m'avait été demandé de répondre aux quelques questions d'un agent de la Brigade de recherches. Alors que je m'attendais à un entretien ordinaire, je me retrouvai seule, sans conseiller juridique, face à quatre agents. Celui d'entre eux qui dirigeait

1. PNUD : Programme des Nations unies pour le développement.

l'enquête avait devant lui un rapport épais qu'il feuilletait et dont je n'avais jamais eu connaissance. Au terme de trois heures d'interrogatoire, nous convînmes de nous interrompre et de nous retrouver 48 heures plus tard, le temps de me laisser participer au lancement de l'atelier du PNUD.

Ma propre situation à l'époque illustrait parfaitement le divorce existant entre les principes les plus élémentaires du développement humain et les pratiques de la lutte anticorruption. Le jour du lancement du rapport, alors que de nombreux amis et connaissances, qui assistaient à la même conférence, se trouvaient en ville – et peut-être pour cette raison –, mon nom figurait en première page d'un journal qui titrait : « Madame la Ministre de la Culture bientôt interpellée pour abus de biens sociaux ». De fait, la présence des participants étrangers était une aubaine pour mes détracteurs. La découverte de délits plus graves que la non-observation des textes financiers et administratifs – le chef d'accusation initial – aurait été la meilleure façon de prouver que la lutte anticorruption n'épargnait personne, mais naturellement elle n'eut pas lieu.

Il fut conclu, à l'issue de neuf heures d'enquête, dont six en présence de mon avocat, qu'il y avait eu violation de la loi sur les finances. Les principaux faits qui m'étaient reprochés étaient les suivants : 320 000 francs CFA de dépassement dans le paiement des indemnités aux artistes et aux personnes ressources ayant participé à la croisière sur le fleuve Niger ; un million de francs CFA payé, dans le cadre de la production d'un documentaire sur « Tombouctou 2000 », au réalisateur rencontré à Paris afin qu'il loue dans les délais requis l'équipement dont il avait besoin. L'enquête parlait à propos de cette somme, que j'avais avancée et qui m'avait été remboursée, de marché de gré à gré. Tous les supports confectionnés ou en voie de confection – un guide touristique, un CD-Rom, des affiches, des dépliants, un site Web – faisaient l'objet de contestations, non point quant à leur justification ou aux montants engagés, mais parce que ces initiatives et l'ordre de paiement émanaient soi-disant de moi et de moi seule. Enfin, l'ensemble de l'opération « Tombouctou 2000 » aurait donné lieu à un dépassement de plus de 6 millions de francs CFA, que je me devais, selon les enquêteurs – qui me sermonnaient au passage – de notifier au ministre des Finances pour être en conformité avec la loi.

Ma persécution participait, en réalité, de cette fuite en avant dans une logique néolibérale, inconséquente et irresponsable prônant le désengagement de l'État et le laisser-faire dans des secteurs où les stratégies de développement sont balbutiantes. J'avais sous ma tutelle un OMATHO qui n'était rien d'autre qu'une officine privée dont la plupart des agents vivaient de débrouillardise : vente d'affiches, études et missions par-ci par-là, confection de supports de mauvaise qualité aux textes mal conçus… L'autonomie de gestion que prévoyait la loi sur les EPA (Établissements publics à caractère administratif) et que l'on m'accusait de ne pas avoir respectée dans la gestion de l'Office avait en effet bon dos. En réalité, je dérangeais en dénonçant les méfaits de l'ordre néolibéral dans mon pays et en Afrique ; j'étais une voix discordante dans un paysage politique lisse et relativement calme, les seuls remous admis et encouragés concernant les élections, leur organisation et leur déroulement, question dont je continue à relativiser l'importance.

Le nivellement par le bas avait commencé dès le premier Conseil des ministres, au cours duquel le chef de l'État avait rappelé avec insistance qu'il n'y aurait ni gagnants ni perdants, que notre équipe devait rester soudée. Dans mon cas, je comprenais parfaitement qu'il me demandait en fait d'éviter de me démarquer par des points de vue pouvant indisposer le gouvernement.

Car je m'étais déjà fait remarquer avant ma nomination par mes prises de position contre l'une des actions phares de la Banque mondiale en matière de lutte contre la pauvreté en Afrique. En effet, bien avant de privilégier, comme elle tente actuellement de le faire sans succès, une approche globale de la lutte contre la pauvreté, cette institution a longtemps procédé par « saupoudrages », à travers notamment un unique angle d'attaque : les Agences d'exécution de travaux d'intérêt public pour l'emploi, ou AGETIPE.

Nous étions en 1992. Le Mali venait de porter le président Alpha Oumar Konaré au pouvoir. Les Maliens et les Maliennes avaient à l'époque pour slogan : « Nous ne voulons rien d'ancien, mais du nouveau. » Et Alpha Oumar Konaré bénéficiait de l'aura et de la sympathie que l'on accorde volontiers au nouveau.

D'Abidjan, où j'occupais le poste de coordinatrice pour l'Afrique du programme PROWWESS[1], je suivais l'évolution de la situation dans mon pays d'origine. Comme tous mes compatriotes, j'espérais de tout cœur que l'accession des civils au pouvoir transformerait les rapports entre gouvernants et gouvernés et accorderait à la population une marge de manœuvre qui lui permettrait de penser, de choisir et d'agir. Ma seule inquiétude – elle était malheureusement fondée – venait du fait que les revendications des manifestants, de même que les débats lors de la Conférence nationale, n'avaient abordé ni l'ajustement structurel, ni l'endettement qui le justifie, ni les exigences des bailleurs de fonds. Le spectre du général Moussa Traoré, présenté à

---

1. Il s'agissait d'un programme international du PNUD visant à promouvoir le rôle des femmes dans les secteurs de l'eau et de l'assainissement.

l'époque comme la seule et unique personne à l'origine des malheurs du Mali, planait et pesait à un tel point sur le pays qu'aucune autre responsabilité, *a fortiori* celle de nos « bienfaiteurs » du Nord, ne pouvait être évoquée. L'heure n'était pas, de toute façon, à l'analyse mais au règlement de comptes et au positionnement.

Outre la mauvaise gestion, le clientélisme et l'autoritarisme des militaires, les faits qui avaient détérioré la situation de la population étaient pourtant clairs et connus. Les jeunes, notamment les diplômés sans emploi à l'origine de la crise qui avait balayé le régime militaire, savaient parfaitement que l'instauration du concours d'entrée à la fonction publique faisait partie de la panoplie de mesures de l'ajustement structurel. Mais, dans ce cas comme dans l'appréciation des causes de la pauvreté des fonctionnaires – blocage des salaires, départs volontaires à la retraite, licenciements –, la part de responsabilité des institutions de Bretton Woods et de leurs partenaires bilatéraux n'était jamais reconnue. Et pour cause !

Car le FMI et la Banque mondiale, comme ils en ont l'habitude, avaient soigneusement et délibérément tiré leur épingle du jeu en fustigeant le pouvoir déchu. Le désespoir et la paupérisation des Maliens étaient présentés comme le résultat de la mauvaise gestion et de l'incompétence de l'État malien dans la mise en œuvre des très « vertueuses » réformes que eux, bailleurs de fonds, avaient préconisées et financées. Tout était, en somme, la faute des autorités maliennes. Le peuple les ayant évincées, il ne restait plus à la nouvelle classe politique qu'à poursuivre les mêmes réformes néolibérales pour atténuer la pauvreté et relancer la croissance. Avec cette trahison, les bases du mécontentement et du dépit politique qui habitent aujourd'hui les Maliens étaient jetées.

Les AGETIPE, qui avaient été proposées au régime de Moussa Traoré pour contenir la grogne sociale liée aux programmes d'ajustement structurel, faisaient partie du lot des actions futures du gouvernement de transition et de la Troisième République. La représentante de la Banque mondiale à Bamako, Monique Garrity, qui me savait à Abidjan en mission pour le PNUD, suggéra à celui qui allait devenir le directeur de l'AGETIPE au Mali de me mettre à contribution. Celui-ci, qui comptait parmi mes proches amis, connaissait mes positions et ne voulait pas me voir retarder ou entraver le démarrage de ce programme. Il préféra s'adresser à une sociologue qui avait le même nom et le même profil que moi. Les conclusions de cette consultante ne donnèrent pas satisfaction, et Monique Garrity s'en inquiéta. Après vérification, elle comprit que l'on m'avait substitué une autre personne.

Cet épisode m'intrigua et aiguisa ma curiosité pour les AGETIPE. Sachant que le même programme avait démarré au Sénégal, je parvins à me procurer les documents relatifs à ce pays. Ainsi commença mon périple dans les méandres des relations entre le Mali et les institutions de Bretton Woods.

Je fus d'abord choquée et littéralement bouleversée par la mauvaise foi de mes interlocuteurs, qu'ils fussent maliens ou attachés à la Banque. Je voulais faire quelque chose pour mon pays, et j'étais persuadée que des projets et programmes mieux conçus que par le passé, et surtout émanant des populations concernées, pouvaient changer fondamentalement la donne. L'expérience des quatre années que je venais de passer à la direction du programme régional PROWWESS, très formatrice pour moi, m'en donnait la certitude. Je me disais qu'en toute circonstance, qu'il s'agisse de politique ou d'amélioration de leurs conditions de vie, les populations savaient s'impliquer à fond et faire preuve de créativité dès lors qu'elles étaient reconnues et qu'on leur donnait les moyens de comprendre et de réagir. Or les AGETIPE, comme les autres projets de la Banque mondiale, étaient comme des usines clés en main : le mode d'utilisation était explicité dans un manuel de procédure. La marginalisation des populations par les bureaucraties nationales et internationales était inhérente à cette forme de coopération, où celui qui paie pense qu'il sait. Dans la proposition que je fis à mon pays et à la Banque après avoir étudié de près les hypothèses sous-jacentes aux AGETIPE, j'expliquais que le peuple malien, démuni, meurtri mais désireux de s'impliquer dans les prises de décision, avait le droit de savoir d'où venait l'argent, de se prononcer sur la nature des projets et de contrôler la qualité des interventions. Et en indiquant la façon dont ce droit pouvait être garanti, j'imaginais ces dizaines de milliers de jeunes gens, diplômés ou non mais exclus, s'organisant et se mobilisant au niveau des quartiers pauvres en vue de donner un sens à leur existence à travers des emplois rémunérés.

Ayant été sollicitée, je souhaitais travailler dans la durée, à travers une petite structure d'accompagnement au sein de laquelle j'aurais pu partager avec les populations, en l'occurrence les jeunes et les femmes, les enseignements que j'avais tirés de la mise en œuvre de PROWWESS. Mais mon intervention était plutôt conçue sous la forme de consultations ponctuelles, et une fin de non-recevoir fut finalement opposée à ma proposition.

Lors de l'une de mes réunions à Washington, je tentai de rencontrer Peter Watson, le père des AGETIPE à la Banque mondiale, pour le convaincre de la nécessité d'une véritable implication des Maliens, et notamment des jeunes, dans ces projets. Je fus reçue par Adriana de Leva, qui était en charge de ce dossier. Après m'avoir poliment écoutée, elle me dit que j'avais certainement raison mais que, selon elle, Peter Watson n'accepterait pas de modifier le schéma d'intervention des AGETIPE. Je lui rappelai qu'il s'agissait d'un pays où des centaines de personnes, dont des jeunes, venaient de payer de leur vie pour l'avènement d'une démocratie qui ne parvenait pas à leur garantir des emplois, seule et véritable alternative à la pauvreté. Elle me répondit qu'elle ne pouvait que transmettre ma proposition au directeur de l'AGETIPE à Bamako en lui suggérant de faire appel à moi.

Habituée à résoudre toutes les contradictions à travers l'octroi de contrats, la Banque crut que nous pouvions trouver un terrain d'entente. Le directeur de l'AGETIPE, de son côté, interpréta mon insistance pour que les Maliens s'approprient ce programme comme une volonté de positionnement personnel visant à prendre sa place. Je ne l'ai su que récemment ; à l'époque, compte tenu de mon amitié pour lui et sa femme, je continuais à échanger avec lui, et l'accompagnai même un jour sur le terrain dans l'une de ses activités de prise de contact avec les populations. Le caractère folklorique et superficiel de l'approche que je pus observer m'obligea à prendre mes distances avec les AGETIPE.

J'allais baisser les bras lorsqu'un jour je lus dans un journal les propos de l'habitant d'un quartier où les premiers travaux de l'agence démarraient. Il déplorait la présence, le long des murs en terre, de tranchées ouvertes par des entreprises qui n'étaient plus jamais revenues. Or, à la veille de la saison des pluies, il craignait que les eaux sales stagnant dans ces trous ne deviennent des piscines meurtrières pour les enfants. C'est alors que je mesurai ma responsabilité personnelle dans la poursuite de ce projet, dont les populations ignoraient les fondements, le mode d'exécution et les objectifs. Je décidai de réagir. Ma sœur, Mariam, me suggéra de m'en ouvrir personnellement au président de la République et d'attirer son attention sur les nombreuses insuffisances des AGETIPE. Je suivis ses conseils et fis part à Alpha Oumar Konaré, lorsqu'il me reçut, de mon désir de l'aider, en tant que chercheur et à titre personnel, à sortir des sentiers battus, à explorer des pistes allant dans le sens des demandes des milliers de jeunes qui, en mars 1991, étaient descendus dans la rue. Étalant un schéma sur la table, je soulignai le contraste entre les AGETIPE, qui concentrent le pouvoir et les ressources de l'IDA[1] entre les mains d'un directeur ayant surtout des comptes à rendre à Washington, et l'action alternative que je proposais, consistant à responsabiliser les populations, en l'occurrence les jeunes et les femmes, tout au long des sous-projets, de l'identification à l'évaluation. Le Président, après m'avoir écoutée, me mit en garde contre le tollé que soulèverait une critique ouverte des AGETIPE et me conseilla de m'adresser à son ministre de l'Intérieur de l'époque, Mamadou Lamine Traoré.

Mon enthousiasme pour l'alternance politique venait de prendre un coup. Je n'avais pas trouvé, comme je m'y attendais, l'ouverture d'esprit et la complicité qui auraient pu prévaloir entre des intellectuels au pouvoir et leurs homologues qui en étaient loin. Il ne me restait plus que l'écriture et le plaidoyer pour convaincre le peuple malien de la nécessité de contrôler et ses propres dirigeants, et les institutions de Bretton Woods, en l'occurrence l'omniprésente et omnisciente Banque mondiale.

Mon premier article, intitulé : « L'AGETIPE, un projet dangereux et anachronique[2] », interpella les maires de six

1. Sigle anglais équivalant à AID, Agence internationale de développement
2. Cet article est paru en 1992 dans le journal *Aurore*.

communes urbaines de la capitale de Bamako, qui vinrent me trouver. Ils voulaient en savoir plus, le schéma d'intervention confisquant une partie de leur pouvoir et les privant de moyens d'action. Je les aidai à élaborer une prise de position qui fut largement diffusée à Bamako et à Washington, mais qui resta sans suite. Je poursuivis alors seule mon action de dénonciation de la Banque mondiale. En réaction à mes déclarations dérangeantes, les autorités de la Troisième République m'ignorèrent royalement cinq années durant, de 1992 à 1997, jusqu'au jour où je décidai de fédérer les artistes et les intellectuels en vue de recentrer le débat politique sur la transparence à propos de la dette extérieure du Mali et des méfaits des PAS.

Tout se passa comme si le peuple malien et les partis politiques qui s'affrontaient au sujet du déroulement et des résultats des élections présidentielles attendaient qu'un autre segment de la société se manifeste. Le groupe d'amis et de connaissances qui s'était joint à moi suscita beaucoup d'espoir, recueillit des centaines de signatures et jeta les bases d'une forme de militantisme qui consistait à interpeller simultanément l'État et les IFI. Or, quelques mois après ma nomination au gouvernement, je réalisai qu'elle n'avait eu pour résulat que de décapiter ce mouvement embryonnaire et de me museler.

De tout cela j'ai déduit que, si le droit de regard et de contrôle que les membres des sociétés civiles africaines voudraient exercer sur leurs dirigeants leur est contesté d'abord par les deux puissantes institutions de Bretton Woods, le torpillage au niveau local est laissé au soin des gouvernants.

10

Porto Alegre, la bien nommée

Les gouvernements (le politique) et le marché (l'économie) sont des piliers qui soutiennent les modes de production et d'organisation des sociétés modernes. Or qui peut les changer en toute légitimité ? Les sociétés elles-mêmes.

Candido GRZYBOWSKI

Les richesses et les valeurs dont l'humanité a aujourd'hui le plus grand besoin ne se comptabilisent pas en dollars, ni en n'importe quelle autre devise. Elles ne se monnayent pas et, par conséquent, n'ont pas besoin d'être gardées pour soi et sous contrôle. Ces valeurs, qui ont pour noms sens, reconnaissance et souci de l'autre – le proche et le lointain – dans sa dignité, dans son humanité, ne fructifient que dans le partage. Elles sont en chacun de nous et au cœur du mouvement social mondial, dont elles font la force. Ce retour à l'humain est une nouvelle culture de l'altérité qui ne peut que déstabiliser dans leurs certitudes les chantres et les défenseurs du néolibéralisme, pour qui tout est à vendre.

Qu'y a-t-il de plus réconfortant et de plus prometteur pour l'Afrique, convoitée, dépecée et pillée, que ce refus catégorique de la marchandisation du monde par une société civile forte car planétaire et qui, dans le même temps, plaide pour un ordre international plus humain et plus fraternel ? Car l'ordre que l'on nous demande d'embrasser est indéniablement cruel, et particulièrement terrifiant depuis la chute des tours jumelles de Manhattan. Voici un monde où il n'est plus besoin de dormir pour vivre les pires cauchemars. L'état de veille est fait de frayeur, le repos n'est que dans le sommeil, et encore. Il y a longtemps que les nouvelles d'Afrique sont mauvaises, qu'il s'agisse de la région des Grands Lacs ou de la Corne. Celles de la Palestine occupée et de l'Irak sous embargo sont affligeantes. Les images des deux tours de New York en flammes le sont tout autant. Quant aux informations et aux images qui nous parviennent de l'Afghanistan sous les bombes américaines, elles sont à la limite du soutenable. Que cette puissance mondiale creuse la souricière au pilon en commettant des dégâts considérables est déjà inconcevable, mais que la majorité des dirigeants du monde l'approuve dans la haine et la violence en appuyant la riposte militaire relève de la pure folie. Notre monde est plus gravement atteint qu'on ne l'imaginait il y a seulement quelques semaines.

Si le mouvement social mondial n'existait pas sous sa forme actuelle, il faudrait l'inventer. Ceux qui tentent de le criminaliser et de l'étouffer se trompent complètement de débat, de réalité et d'époque. Le peuple de Seattle[1], dont nous sommes nombreux à faire partie, réclame justement un monde sans haine ni guerre, sans armes ni larmes, sans rancœur ni peur. Nous nous efforçons de faire admettre

1. C'est en décembre 1999, à Seattle, où se tenait la troisième conférence interministérielle de l'OMC, que s'est exprimée, pour la première fois de façon virulente et à grande échelle, la contestation antimondialisation.

qu'un autre monde est possible. L'homme, et non le marché, en est le référent, le levain et la finalité.

Si la résistance à l'ordre néolibéral et la contestation étaient systématiquement fonction de l'ampleur et de la gravité des préjudices, les acteurs et les organisateurs de la société civile africaine auraient dû être particulièrement actifs dans sa dénonciation. Mais le tissu associatif n'est pas suffisamment dense face aux méfaits de la mondialisation. La plupart des Africains et Africaines présents à Porto Alegre avaient été invités par des membres des organisations citoyennes du Nord.

Ainsi, en juin 2000, à Dakar, lors de la marche pour réclamer l'annulation totale et immédiate de la dette extérieure de l'Afrique, Christophe Aguitton, d'ATTAC France, me parla du premier Forum social mondial qui devait se tenir en janvier 2001 à Porto Alegre, au Brésil. Consciente de l'impérieuse nécessité de consolider les liens entre les organisations citoyennes du Nord et du Sud, j'acceptai volontiers de m'y rendre. Et alors qu'ATTAC prenait les dispositions nécessaires pour ma participation, je reçus une invitation du gouverneur de l'État de Rio Grande do Sul.

Cet élan des acteurs du mouvement social mondial les uns vers les autres en surprit plus d'un. C'est ainsi que, quelques jours avant mon départ pour le Brésil, l'un de mes visiteurs français crut bon de m'alerter sur l'aventure dans laquelle j'allais m'engager : « Il paraît que vous allez à Porto Alegre ? Méfiez-vous de ces antimondialistes, Madame. Méfiez-vous. Vous savez, chez nous, en France, on ne les prend pas très au sérieux. Ce sont des barbus qui refusent le progrès, qui ne veulent pas manger de viande, qui s'en prennent à tout et à tout le monde. José Bové est leur chef. – Vous savez, Monsieur, lui ai-je rétorqué, non seulement je vais à Porto Alegre, mais je serai également, le

15 février 2001, à Montpellier parmi les témoins de José Bové. » Mon interlocuteur resta pantois, avec l'air de se demander ce qu'il pouvait bien y avoir de commun entre une Malienne ancienne ministre et un agriculteur français en rupture de ban avec le progrès, selon ses termes.

L'agriculteur français en question et les dizaines de milliers de citoyens du monde que j'allais rencontrer dans la capitale du Rio Grande do Sul constituaient et demeurent, comme je l'ai déjà souligné, une chance pour nous qui, en Afrique, peinons tant à faire entendre nos voix auprès de nos propres dirigeants comme de leurs bailleurs de fonds et maîtres à penser.

Porto Alegre, dont je n'avais jamais entendu parler auparavant, évoquait chez moi l'idée de « porte » et d'« allégresse », ce qui correspondait tout à fait au sens du premier Forum social mondial. Celui-ci m'apparaissait en effet comme une issue à la prison dans laquelle je m'étais laissé enfermer en entrant au gouvernement, un moyen de sortir de la grisaille où m'avait plongée l'atteinte à mon honneur. Outre l'amitié, la complicité et la convivialité qui y régnaient, Porto Alegre s'offrait à tous les participants comme un lieu privilégié de dialogue et d'espérance, jusque dans le mode de gestion de la ville, aux antipodes de celui qui caractérise nos cités africaines de plus en plus délabrées et téléguidées depuis Washington, Bruxelles et ailleurs.

En m'élevant contre les AGETIPE de la Banque mondiale, j'aspirais en fait à un idéal de développement urbain dont Porto Alegre est le symbole. Les habitants de cette ville décident en assemblées des investissements qu'ils jugent prioritaires et leur consacrent une part importante du budget municipal, en privilégiant toujours les quartiers pauvres. La préparation de ce budget, le suivi des chantiers, les appels d'offres aux fournisseurs – toutes ces tâches qui, en Afrique, dans les projets urbains financés par la Banque mondiale, donnent lieu à des malversations et à la corruption –, sont confiés à Porto Alegre à des conseillers délégués par les habitants de la ville lors des assemblées de quartier. Tout employé municipal qui y a pris part n'a pas le droit de vote. Le budget municipal est présenté au maire, qui l'approuve en y apposant sa signature. Il le propose tel quel à l'assemblée municipale, qui, au Brésil, est indépendante du pouvoir exécutif. Le budget participatif, inauguré en 1989 par le Parti des travailleurs, n'est pas une expérience isolée : il est appliqué dans les 22 régions de l'État de Rio Grande do Sul et dans 497 municipalités[1].

Ainsi, à Porto Alegre, l'utopie est une réalité. Il convenait donc d'y organiser le premier Forum social mondial, et il était essentiel pour nous, acteurs et organisations citoyennes d'Afrique, d'y prendre part dans la mesure où c'est généralement avec indifférence et mépris que les IFI et nos propres dirigeants accueillent nos points de vue, nos revendications et nos propositions d'alternatives, quand ils ne nous diabolisent pas. La façon dont nous sommes perçus et traités donne une idée des concessions que les maîtres à penser de nos États sont prêts à faire.

Mon vécu d'auteur contestataire, à cet égard, m'a édifiée. *L'Étau* était une perche que je tendais aux décideurs africains, et plus particulièrement à ceux de mon pays, qui ne l'ont pas perçue ni saisie comme telle. Par loyauté, j'avais adressé les deux premiers exemplaires de ce livre au chef de

1. Le contraste entre cette démarche et la logique des AGETIPE est tel que j'encourage vivement tous les protagonistes de la gestion urbaine en Afrique à les confronter et à en tirer toutes les conséquences. Ils réaliseront, j'en suis persuadée, que l'on continue chez nous à dilapider les moyens existants et à condamner les couches sociales vulnérables des villes à l'exclusion et à la misère. Une coopération Sud-Sud est impérative.

l'État et au Premier ministre, pensant pouvoir ainsi susciter un débat constructif autour de la question de la dette extérieure et de la façon dont elle affaiblit les démocraties africaines. Mais ceux-ci ont fait de *L'Étau* un non-événement. Pas une seule fois ils n'ont abordé avec moi la moindre idée contenue dans cet ouvrage. Quant à mes collègues ministres qui s'y sont intéressés, ils l'ont lu en cachette. L'un d'eux m'interpella un jour à l'issue du Conseil des ministres, entrouvrit une chemise à sangles dans laquelle il cachait le livre – il ne voulait pas mécontenter les deux chefs en étalant ce genre de lecture subversive – et me souffla : « Amy, je suis en train de lire ta canonnière. » Je fus profondément attristée de constater que l'écriture ne suffisait pas à instaurer le dialogue quand les dirigeants avaient décidé de ne pas voir.

Ne voulant pas désespérer de la capacité des intellectuels africains au pouvoir à se surpasser et à accepter le débat, j'ai posé la question au Premier ministre : « Ibrim, quand comptes-tu organiser un débat autour de *L'Étau* afin que nous puissions en tirer des enseignements en termes de décisions macroéconomiques et de renforcement du rôle de la société civile ? » Il me promit que nous en reparlerions ; nous n'en avons jamais reparlé. Mieux, j'ai été écartée de l'ensemble des missions officielles à l'étranger pour éviter tout dérapage dans la présentation des performances économiques et des acquis de la démocratie malienne, jugée exemplaire tant par le FMI et la Banque mondiale que par de nombreux organismes de coopération bilatérale et multilatérale.

Ma nomination au gouvernement, en somme, était la meilleure façon de me tenir et de m'empêcher de jeter le doute dans l'esprit de mes compatriotes. Naïve, j'ai mis du temps à comprendre ce jeu. Et puisque je continuais à accorder des interviews et à publier des articles, il fallait m'atteindre et me dissuader par d'autres voies. C'est alors que j'ai fait la malheureuse et douloureuse expérience de la campagne médiatique diffamatoire.

Une certaine presse, celle qui tue la vraie presse en évitant les débats de fond et les investigations, a parfaitement joué son rôle en me prenant comme bouc émissaire. Essentiellement composée dans nos pays de jeunes diplômés sans emploi qui n'ont pas appris le métier et de quelques professionnels de la communication aux abois, cette presse injurieuse frappe et humilie, en toute impunité, au nom de la liberté d'expression. Ces mauvais acteurs de la démocratie ont tourné en dérision tous les efforts de mon ministère. L'amalgame était délibérément entretenu entre mes faits et gestes en tant que ministre et la vie des petits établissements que j'avais mis sur pied bien avant ma nomination, grâce à des efforts personnels[1].

Ma mère, âgée de 85 ans, qui m'avait mise en garde, mes sœurs et mes filles, mes neveux et mes nièces, tous furent ébranlés par la virulence et le caractère mensonger de ces propos. Quelques mois après « Tombouctou 2000 », il ne se passait pas une semaine sans que j'aie droit à un titre injurieux et diffamatoire dans la presse. La honte dont il fallait coûte que coûte me couvrir rejaillissait sur tous ceux et celles qui m'aimaient. Mes proches me poussèrent à rédiger un article pour laver mon honneur, ce que je consentis à faire pour montrer à quel point mes détracteurs se trompaient et constituaient un danger pour les individus et la démocratie.

À la veille de la conférence de l'OMC de Seattle, j'étais donc dans le collimateur de la presse. J'aggravai mon cas, lors du Conseil des ministres qui suivit la parution de mon article, en dénonçant les insuffisances qui caractérisaient à

1. Voir *infra*, p. 178 et suivantes.

la fois la préparation de cet événement capital au niveau du gouvernement et les documents élaborés pour la circonstance. Je ne fus pas comprise. Le chef de l'État prit très mal mes remarques et s'aligna sur ma collègue ministre du Commerce, qui allait nous représenter à Seattle. Il alla jusqu'à m'intimer l'ordre de ne pas m'exprimer publiquement à propos de ce sommet. Je ne suis pas passée outre à cette interdiction, mais il m'est clairement apparu que je me trompais totalement de lieu de débat, qu'il n'était pas question, au niveau du gouvernement de la Troisième République, de soulever ni le problème du fardeau de la dette extérieure, ni celui de la nature du commerce mondial.

Le caractère sournois des méthodes employées pour faire taire les contestations – la cooptation pour mieux museler, l'indifférence, la diffamation – explique le nombre si insignifiant des citoyens et des organisations non gouvernementales africains qui s'attaquent ouvertement au néolibéralisme et à ses pratiques érigées en stratégies de « lutte contre la pauvreté ». Non seulement la déconstruction du discours dominant au profit d'une pensée alternative n'est pas tolérée à l'intérieur de l'appareil étatique « démocratique », mais elle ne l'est pas davantage au niveau du mouvement social. (Ainsi, la responsable de l'une des ONG maliennes les plus influentes n'a pas hésité à me confier qu'elle préférait s'en tenir aux petites actions à la base pour ménager les susceptibilités des décideurs nationaux et des bailleurs de fond...) L'élite politique se défend naturellement de marginaliser la société civile, se référant au nombre astronomique d'associations et d'ONG qui ont vu le jour à la faveur de l'ouverture politique. Mais, de la même façon que des dizaines de partis politiques ne suffisent pas à faire une démocratie, des milliers d'associations et d'ONG ne suffisent pas à faire une société civile.

Il y a à boire et à manger dans le paysage associatif qui a émergé ces dernières années en Afrique, entre les organisations qui n'ont d'existence que sur le papier et celles suscitées et soutenues par les partis politiques, les pouvoirs publics et/ou les bailleurs de fonds. La très faible mobilisation de la société civile africaine dans la lutte contre l'ordre néolibéral s'explique précisément par cette instrumentalisation. Pour jouir d'un climat social « apaisé » – c'est leur propre terme –, les gouvernants et leurs argentiers ont d'abord eu raison de l'esprit critique et de la combativité des syndicats, des organisations de femmes, de jeunes et de paysans. En injectant de temps à autre de l'argent dans ces structures, ils sont souvent parvenus à créer des dissensions en leur sein. Et pendant que leurs responsables s'enlisaient dans des querelles intestines dont le seul objectif était le contrôle des ressources financières et des moyens logistiques, les réformes économiques néolibérales se poursuivaient. Les organisations qui résistaient à ces manipulations étaient boudées et, dans tous les cas, privées des ressources leur permettant de fonctionner.

Les organisations paysannes, qui font la force du mouvement social en Afrique et en Amérique latine ainsi que dans certains pays de l'hémisphère Nord, ont été en leur temps pénétrées et fragilisées par les partis uniques. Elles le sont à présent par les États « démocratiques » dans le cadre d'une approche productiviste conforme à la logique du marché mondial. Au Mali, les associations villageoises (AV) mises en place avec l'appui de l'État sont essentiellement axées sur la production cotonnière et rizicole. Leurs revendications, comme celles des syndicats de travailleurs (démantelés par les réformes de la fonction publique et par la politique politicienne), sont des revendications corporatistes souvent ponctuelles. Dans un pays comme le Mali, elles portent rarement sur le système économique mondial, dont l'incidence néfaste sur leur situation est pourtant évidente.

Samir Amin[1] a établi au niveau des États ACP une typologie des organisations qui distingue cinq catégories. La première comprend les organisations non gouvernementales intervenant dans des domaines qui relèvent normalement de la compétence de l'État : éducation, santé, services sociaux, etc. Leur émergence est allée de pair avec le désengagement de ce dernier. Elles absorbent plus des deux tiers des moyens financiers de l'ensemble de la vie associative. Leurs membres appartiennent généralement à la sphère religieuse, chrétienne ou islamique, et leurs actions s'inscrivent pour la plupart dans le registre de la lutte contre la pauvreté. Les organisations de la deuxième catégorie, qui représentent environ 15 % du total, participent à des projets de développement spécifiques, urbains et ruraux, bénéficiant d'apports publics et extérieurs substantiels. Elles constituent la cheville ouvrière des organismes externes d'intervention. Les organisations de la troisième catégorie sont engagées dans la défense des droits humains – dont ceux des travailleurs et des femmes. Elles suscitent la plupart du temps la méfiance des pouvoirs publics, à moins qu'elles n'émanent d'eux. La quatrième catégorie comprend les organisations de défense des droits culturels et politiques des « communautés ». Enfin la dernière, qui émerge aujourd'hui, est celle des « associations d'hommes d'affaires » répondant présentes là où les organisations citoyennes refusent de dialoguer avec les institutions de Bretton Woods[2].

1. Samir Amin (2001).

2. Elles étaient nombreuses à la dernière conférence de l'OMC à Doha (Qatar), en novembre 2001.

Selon Samir Amin, les mouvements écologistes et féministes n'ont pas trouvé d'ancrage véritable dans nos pays, excepté les organisations qui œuvrent pour la participation des femmes au développement. Celles initiées et présidées par l'épouse du Président sont dotées de moyens importants – subventions de l'État, de l'USAID[1] et d'autres donateurs extérieurs – et perpétuent cette tradition de charité dont les manifestations font quotidiennement l'objet de grands éloges dans les médias.

Cette nébuleuse associative est l'une des expressions du sabotage des démocraties africaines par les forces mêmes contre lesquelles ces organisations et ces acteurs se sont élevés au début des années 1990 dans le cadre du mouvement démocratique. Ces victimes de la marche forcée de l'Afrique vers l'économie de marché ne portent pas toujours un regard critique sur la situation macroéconomique, ni sur les politiques de « lutte contre la pauvreté » dont ils sont les agents malgré eux. « Il ne s'agit pas exclusivement, ni même principalement, d'une dépendance financière, bien que celle-ci soit loin d'être négligeable. Il s'agit avant tout de l'alignement sur les stratégies préconisées par les grandes "agences" extérieures. Dans l'ensemble, les actions de la société civile ne se sont avérées ni plus efficaces, ni mieux gérées que celles que les services publics offrent[2]. »

La quarantaine d'Africains et d'Africaines présents à Porto Alegre sur les quelque seize mille participants ont mesuré leur responsabilité tant dans le recentrage du débat sur les véritables enjeux de la globalisation que dans la mobilisation des différentes composantes du mouvement

1. USAID : sigle anglais pour Agence des États-Unis pour le développement international.

2. Samir Amin (2001).

social africain. En étroite collaboration avec Taoufik Ben Abdallah, de l'agence Enda Tiers-Monde (Environnement et Développement du Tiers-Monde), et d'autres amis et alliés, je me suis investie dans ce travail de consolidation du mouvement social africain.

Cette initiative n'enlève rien au mérite des organisations citoyennes du Nord, qui croient possible, comme nous-mêmes, l'avènement d'une autre Afrique et qui s'emploient à le favoriser, en collaboration, parfois, avec les organisations africaines. Nous leur devons l'écoute dont nous bénéficions actuellement auprès de l'opinion publique du Nord et au niveau de certains centres de décision, mais aussi de notables avancées, comme celles de Doha concernant l'accès de nos populations aux médicaments. Les efforts qui restent à fournir sont colossaux ; leur aboutissement ainsi que l'impact et la pérennisation des acquis sur le terrain dépendent de notre propre aptitude et notre propre détermination à défendre nos droits économiques, politiques, sociaux et culturels.

Le premier Forum social africain, qui se tiendra à Bamako du 4 au 9 janvier 2002, représente la première expression de cette volonté citoyenne. En écho au cri de ralliement de Porto Alegre, nous affirmons qu'« une autre Afrique est possible ». Elle ne saurait naître de l'application des principes néolibéraux de disqualification et d'anéantissement de l'État, mais de l'investissement dans l'homme et du respect de ses droits.

L'autre Afrique ne s'accommode pas du fardeau d'une dette extérieure qui sert de moyen de pression aux puissants de ce monde ; elle exige son annulation totale et inconditionnelle. Que les États-Unis, qui consentent à annuler une partie de la dette du Pakistan en échange de son soutien dans la guerre contre le peuple afghan, fassent donc un effort. Et que le G8 se rassure quant à la gestion des ressources ainsi dégagées : nous veillerons à ce qu'elle soit juste, en commençant par informer chaque citoyen de ses modalités et de ses fonctions.

L'autre Afrique exige des organisations de la société civile une meilleure connaissance des mécanismes et des enjeux de la globalisation, et requiert un regard et un contrôle citoyens effectifs sur l'ensemble des acteurs institutionnels et politiques, nationaux et internationaux.

L'autre Afrique réclame la complicité et la solidarité indéfectible des autres citoyens du monde, notamment de ceux de l'hémisphère Nord, souvent réprouvés par les défenseurs de l'ordre néolibéral qui, pour les décourager et les démobiliser, leur reprochent d'agir contre les intérêts des peuples du Sud. Or le FMI et la Banque mondiale, de même que le G8 qui les mandate, n'ont pas plus de légitimité que les organisations citoyennes du Nord dans la quête de remèdes aux maux de l'Afrique.

L'autre Afrique est naturellement opposée à la fuite en avant dans les politiques de « lutte contre la pauvreté » dont les limites sont connues. À l'inverse, elle exige la valorisation et l'utilisation effective des compétences africaines dans l'intérêt du continent, en lieu et place des politiques dites de « renforcement des capacités », qui consistent à huiler les rouages du néolibéralisme et à accroître au maximum le nombre de « béni-oui-oui ».

L'autre Afrique, enfin, est l'affaire des peuples africains et de leurs gouvernants avant d'être celle des bailleurs de fonds, si généreux et si bien intentionnés soient-ils. Que ceux-ci veuillent bien restituer aux États du continent leur souveraineté et leurs prérogatives dans l'œuvre de réhabilitation et de réhumanisation de l'homme. Les États-Unis ne viennent-ils pas de démontrer qu'en cas de crise l'État peut injecter des dizaines de milliards de dollars dans l'économie ? L'Afrique, qui est en panne depuis longtemps déjà faute de ressources financières et dont les enfants, privés d'éducation, d'emploi et de perspectives d'avenir, sont contraints de s'exiler, a droit à l'intervention de l'État dans les secteurs vitaux que nous ne voulons plus laisser aux mains d'investisseurs anonymes et sans états d'âme.

L'Afrique doit faire fi des arrangements boiteux et malhonnêtes qui privent ses malades de médicaments. À ce titre, l'affaire des antirétroviraux n'est pas seulement un scandale, mais aussi une honte[1]. Rappelons tout de même que, sur les 40 millions de malades du sida dans le monde, 28 millions sont africains. Les États-Unis, en demandant ces derniers jours aux firmes pharmaceutiques de baisser le prix des médicaments indiqués dans la prévention et le traitement de la maladie du charbon, ont bien montré que le libéralisme est une machine à deux vitesses. S'ils étaient conséquents, justes et visionnaires, ils devraient tout simplement reconnaître le mérite du mouvement social mondial, qui n'a cessé de préconiser les pratiques auxquelles eux-mêmes, aujourd'hui en difficulté, ont recours. Que les nations nanties fassent donc preuve de sagesse et de magnanimité dans leurs rapports avec les peuples déshérités du Sud, dont ceux d'Afrique ; le monde ne s'en portera que mieux.

En fin stratèges, certains États européens, dont la France, engagent aujourd'hui le débat avec le mouvement social.

1. Le 5 mars 2001 s'est ouvert à Pretoria, en Afrique du Sud, le procès intenté par une quarantaine de grands laboratoires pharmaceutiques contre le gouvernement sud-africain. Celui-ci était accusé d'avoir promulgué une loi permettant d'améliorer l'accès des Sud-Africains aux médicaments antirétroviraux, qui sont prescrits dans le traitement du sida mais dont le prix est beaucoup trop élevé pour de nombreux pays du Sud.

L'association ATTAC a le privilège d'être « de plus en plus courtisée par les composantes de la majorité, et ses thèmes de prédilection sont au cœur des débats de la gauche[1] ». Pour notre part, nous ne cherchons pas à être courtisés compte tenu de la poigne de fer avec laquelle les IFI gèrent nos économies et nos États ; nous voulons simplement, pour commencer, que les prétendants au pouvoir et les élus africains prouvent qu'ils ont au moins compris la nature des rapports de force ainsi que les enjeux de la globalisation, et qu'ils cessent de nous harceler. Combien sont-ils – y compris parmi les candidats aux élections présidentielles maliennes de 2002 – à vouloir tenter une autre expérience du pouvoir politique et de la démocratie ?

1. *Le Monde* (2001).

11

Défi aux élus

Elles sont lourdes, lourdes les chaînes que le Nègre met au cou du Nègre pour complaire aux maîtres du jour.

Bernard DADIÉ

Je ne sais ce que les urnes ont à voir avec les armes ; comme si des élections, si libres et si transparentes fussent-elles, valaient le prix d'une seule vie humaine quand les élus sont si souvent condamnés à trahir leurs propres électeurs. Je ne sais pas non plus pourquoi tant d'hommes et de femmes s'enflamment, courent et s'essoufflent à l'approche de ces élections sans débat et sans autre enjeu qu'un « pouvoir nu[1] » qui ne leur assure qu'un strapontin là où siègent les puissants de ce monde. Que les dirigeants africains continuent de se tromper de partenariats et d'enjeux et c'en sera fait de nous.

1. La « nudité du pouvoir », qui renvoie à son manque de contenu, est une expression bambara qui revêt tout son sens dans les circonstances actuelles. Dédaigneuse, elle défie ceux et celles qui se saisissent du pouvoir sans avoir la moindre idée de l'usage qu'ils doivent en faire, hormis leur droit à l'arbitraire.

Suspecte et inquiétante est en effet cette bousculade des candidats au pouvoir, au Mali comme dans d'autres pays africains, où alternance politique rime avec poursuite des réformes d'ajustement structurel. Ils se livrent une lutte fratricide sans merci pour un fauteuil bien inconfortable, que l'on ne quitte jamais indemne. Au Mali, au Sénégal, en Côte-d'Ivoire et partout où les tenants du pouvoir ont un passé militant et un discours engagé, les observateurs, les analystes et les citoyens se perdent en conjectures sur cette mouche qui pique les élus, les empêche de tenir leurs promesses et de communiquer avec leur peuple. En réalité, le pouvoir politique n'est plus ce qu'il était ; il n'est plus là où nous continuons de l'imaginer. Les prétendants au pouvoir eux-mêmes préfèrent cacher qu'ils n'ont pas les mains libres. Dix années semblables à celles qui viennent de s'écouler au Mali conduiraient ce pays sahélien enclavé et surendetté dans l'impasse la plus totale.

Les candidats aux élections présidentielles de 2002, qui semblent sous-estimer la gravité de la situation et l'ampleur des défis à relever, seraient plus avisés de s'interroger, au-delà de la personne et des comportements d'Alpha Oumar Konaré, sur les causes internes et externes des résultats mitigés de son règne. Je ne cherche point à dédouaner l'homme dont j'ai été la mauvaise conscience en lui tenant, au sein de son gouvernement, le discours qu'il nous tenait sur l'ordre du monde avant d'accéder au pouvoir, et qui, pour cette raison, m'a persécutée. Mais il est impératif de se poser la question suivante : et si le culte des symboles, à travers la construction de tant de monuments et la recherche du spectaculaire, avec notamment l'organisation de la Coupe d'Afrique des nations[1], cachait l'impuissance du politique à négocier des changements de fond en matière d'agriculture, de commerce, d'industrie, d'éducation, de santé, etc. ? Le prochain chef d'État du Mali saura-t-il, pourra-t-il agir en conformité avec les aspirations et les intérêts du peuple malien, et surtout de concert avec lui ?

Aux membres du comité de soutien de l'un des candidats aux élections présidentielles, j'ai expliqué les mécanismes de l'endettement et du remboursement de la dette extérieure du Mali, en précisant ce qu'elle nous coûte individuellement et collectivement au plan économique, social et politique. Puis je leur ai demandé s'ils estimaient que, dans un tel contexte, leur candidat ferait la différence avec Alpha Oumar Konaré. Ils m'ont répondu que sa sensibilité, son honnêteté et ses relations à l'extérieur plaidaient en sa faveur, mais ils ont également ajouté : « Si nous tenons compte des faits que tu viens d'évoquer, nos arrière-petits-enfants eux-mêmes ne verront pas le bout du tunnel. » Puis ils n'ont plus cherché à me convaincre à tout prix.

L'alternance politique en Afrique, si l'on souhaite qu'elle donne lieu à des changements véritables et profitables aux populations, notamment aux plus démunis, exige, outre des qualités humaines, une bonne connaissance de la situation du pays et des enjeux stratégiques de l'évolution du monde. Alpha Oumar Konaré, aujourd'hui aux commandes, pensait lui aussi en 1991 que Moussa Traoré était le principal coupa-

1. Les deux pôles de dispersion des efforts et des maigres ressources du Mali – les élections et le football – sont réunis, pour notre malheur. Chaque aéroport engloutit au moins 5 milliards de centimes, et chaque stade 4 milliards. Après la fête du football qui s'annonce belle, le futur président de la République du Mali devra faire face pendant six ans à une ardoise de 10 milliards de centimes par an au titre du remboursement des dépenses de la CAN 2002. Jusqu'alors, aucune voix ne s'est élevée pour dénoncer cette manifestation présentée comme un gigantesque projet de développement.

ble et obstacle au bonheur des Maliens. Il s'est certainement rendu compte depuis que la question du pouvoir est autrement plus complexe dans le contexte actuel. Le meilleur service qu'il puisse nous rendre quand il reviendra parmi nous sera de s'acquitter de ce devoir de génération qui lui est si cher en nous expliquant ce qui l'a empêché, lui l'intellectuel et le militant de base, de saisir cette opportunité que le peuple malien lui offrait de bâtir ce pays tous ensemble.

J'invite aussi mes compatriotes, et les Africains en général, à se doter, pour comprendre notre situation actuelle dans le monde, d'une grille d'analyse intégrant l'ensemble des acteurs et des facteurs qui déterminent le jeu politique. Ce n'est qu'au prix de cette lucidité que nous serons en mesure de dessiner le profil du leader souhaitable pour nos pays à la lumière des défis à relever, au lieu de donner un blanc-seing à des candidats sans vision stratégique autre que leur propre maintien au pouvoir et qui, pour cette raison, sont parfaitement manipulables par les puissants de ce monde. Il est clair que, dans nos pays, ni les tenants du pouvoir, ni ceux qui y prétendent ne souhaitent voir le débat politique prendre une telle orientation, qui les obligerait à davantage de rigueur et d'objectivité dans l'analyse des faits, de courage et de perspicacité dans les négociations et d'éthique dans la gestion et l'allocation des ressources. Pourtant ils devront s'y résoudre tôt ou tard. Il appartient aux organisations citoyennes d'être plus exigeantes et aux électeurs et électrices de cesser de brader leur destin contre des avantages éphémères.

Au point où nous en sommes, les dirigeants maliens et africains en poste et les prétendants au pouvoir n'ont aucun intérêt à se désolidariser de leur peuple. Ils devraient avoir une conscience aiguë des véritables causes de l'instabilité politique de nos pays. Les populations africaines ne se contenteront pas indéfiniment de mots creux et trompeurs sur la « lutte contre la pauvreté ». Celle du Mali a appris ces dix dernières années, à ses dépens, qu'au fond, déjà en 1991, une dictature – celle des militaires – en cachait une autre – celle du marché mondial. Mais elle ne sait pas toujours où siègent ceux qui dérobent aux élus, sitôt les élections terminées, le pouvoir qu'elle leur a confié. Les élus véritables sont-ils victimes ou complices de cette imposture ? Il leur appartient de choisir leur camp, mais en partageant les informations avec le peuple le plus largement possible, en lui faisant état des contraintes et en l'impliquant dans la recherche de solutions. Il est, en somme, grand temps que la mondialisation néolibérale soit lue, interprétée et traitée comme le rouleau compresseur qui broie l'espoir et les vies humaines en Afrique. Quant aux acquis politiques – droit de vote, d'association et d'expression –, si l'on souhaite qu'ils soient une réponse à la paupérisation et à la détresse, ils doivent prendre en charge les enjeux et les mécanismes de la mondialisation néolibérale.

Ce qui est vrai pour le Mali l'est, dans une large mesure, pour les autres pays africains. Les expériences et les déboires des uns devraient avoir une vertu pédagogique pour les autres. Pourquoi a-t-il fallu que la Côte-d'Ivoire ait, elle aussi, ses martyrs de la démocratie et son charnier ? Comme si les informations et les images tragiques qui lui étaient parvenues d'autres luttes fraticides au Rwanda, au Congo, au Mali n'avaient pas été suffisamment dissuasives. Comme si l'« ivoirité » était une réponse pertinente et satisfaisante au problème des prix des matières premières, aux effets dévastateurs du surendettement et d'une mondialisation économique imposée et orchestrée par ceux-là mêmes qui pillent nos ressources.

Je fus agréablement surprise de lire un jour ces propos d'Henri Konan Bédié, ancien président de Côte-d'Ivoire mais à l'époque ministre dans le gouvernement de Félix Houphouët-Boigny : « Le problème de la dette n'est pas la somme des problèmes particuliers des États endettés qui ne peuvent plus faire face à leurs obligations. Il est la conséquence d'un dérèglement global de l'économie mondiale [...]. Le seul ajustement structurel de l'économie ne suffit pas. La dette est devenue un obstacle au développement [...]. L'économie africaine est sinistrée et elle a besoin de remèdes radicaux[1]. » Pourquoi cette pensée, limpide et publiquement formulée, n'a-t-elle pas été traduite par le même homme, devenu chef d'État, en programme et en objectifs politiques pour permettre à la grande majorité des Ivoiriens et des Africains de mieux négocier et de mieux gérer les ressources disponibles ? Pourquoi a-t-il fallu qu'Henri Konan Bédié s'enferme dans le combat d'arrière-garde de la défense de l'ivoirité et fragilise son pays au plan social, économique et politique ?

Le double langage de la classe dirigeante la dessert en même temps qu'il facilite la tâche des ajusteurs. Le discrédit politique crée à moyen ou long terme des situations explosives que la communauté des créanciers met à profit pour donner une nouvelle légitimité aux politiques néolibérales. Toutes les situations sont exploitables et exploitées par les tenants du système néolibéral, en Afrique et ailleurs, comme l'attestent certaines analyses et décisions de l'après-11 septembre. Seulement, la récupération n'a pas les mêmes fonctions dans toutes les régions du monde. Ainsi, aux pires moments des crises politiques et économiques internes, les États africains ne sont pas autorisés à cesser

1. Henri Konan Bédié (1991), p. 3.

d'honorer leurs engagements envers leurs créanciers. Et ce sont toujours les innocents qui paient. La pression du FMI et de la Banque mondiale sur les pays en crise politique fait des ravages considérables au niveau des communautés rurales et des ménages dans les villes.

Quels risques les populations africaines n'ont-elles pas pris et ne prennent-elles pas encore pour qu'émerge, enfin, une génération de décideurs visionnaires, compétents et sincères ? Et quelles souffrances ne continuent-elles pas d'endurer, précisément parce que les réponses privilégiées sont toujours en porte-à-faux avec les besoins réels ? Les dirigeants africains sont-ils prêts à s'engager dans une autre expérience des relations gouvernants-gouvernés ?

L'outil pédagogique[1] que représente l'échelle du pouvoir (p. 160) peut jeter les bases d'un tel partenariat. Il s'agit d'un outil d'évaluation, d'autoévaluation et de formation citoyenne qui permet à chaque acteur politique de juger du caractère démocratique ou non de ses décisions et réactions et de les situer par rapport à tel ou tel enjeu. Mais il est surtout utile aux organisations et aux membres de la société civile africaine qui ont besoin d'exercer leur droit de regard et de contrôle sur les élus, sur leurs décisions et sur leurs actes. Il leur revient d'établir la liste des questions qui leur semblent prioritaires, de s'imprégner des termes de chaque problématique – dette, commerce mondial, NPAD… –, pour pouvoir évaluer la disposition des leaders au dialogue, pour mieux négocier eux-mêmes et proposer des alternatives crédibles le moment venu.

---

1. Je me suis inspirée, pour réaliser cet outil, de l'échelle SARAR de la résistance au changement développée par Lyra Srinivasan dans le cadre du projet PROWWESS.

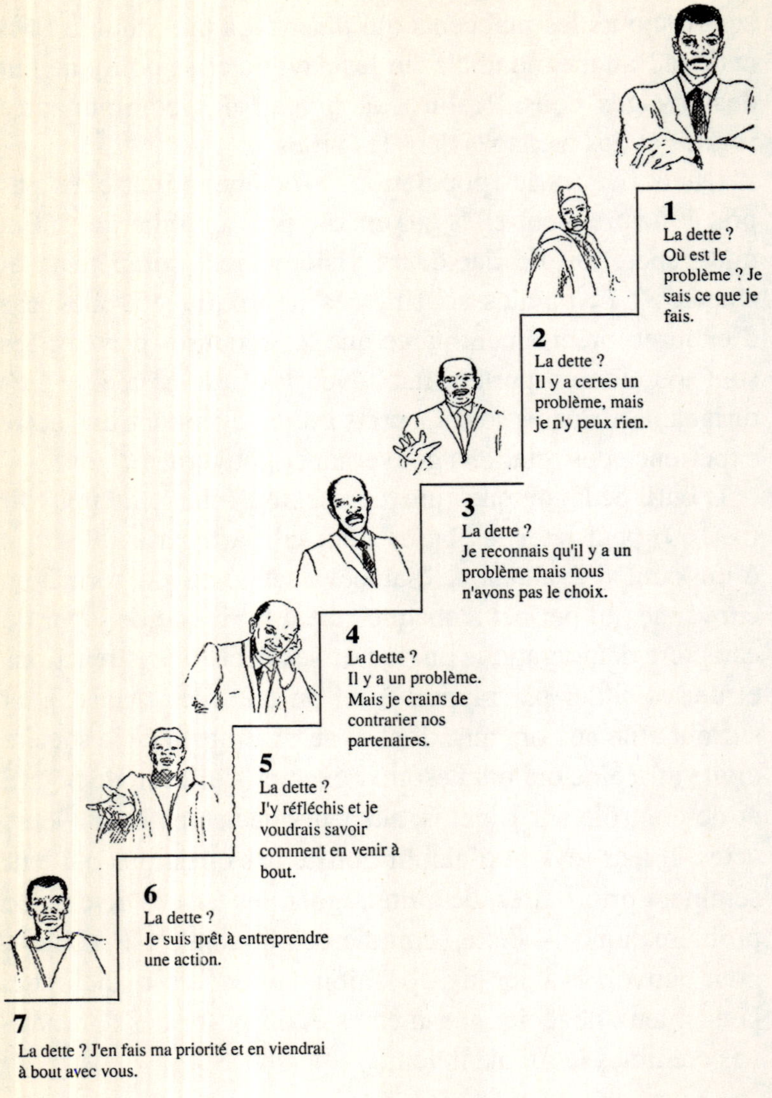

L'échelle du pouvoir

Sur notre schéma, l'échelle du pouvoir est appliquée à la dette extérieure. Signalons que les personnages qui figurent sur chaque marche peuvent incarner, au-delà des individus, des classes entières. Tout en haut, le décideur qui a l'habitude de traiter directement, en tête à tête, avec les institutions de Bretton Woods sans jamais consulter son peuple peut réagir par : « Où est le problème ? Je sais ce que je fais. » D'où il est, il ne voit que les « grands » et les « puissants » de ce monde. Une marche plus bas, un autre décideur un peu plus flexible que le précédent reconnaît : « La dette est, certes, un problème. Mais je n'y peux rien. Ce n'est pas ma faute. » Un troisième décideur, qui craint les sanctions, explique : « Je sais, c'est un problème. Mais j'ai peur de prendre des risques, de mécontenter les bailleurs de fonds. » Et ainsi de suite. Sur la première marche de l'échelle se trouve le leader qui agit en véritable allié des populations africaines. Il est disponible, prêt à informer son peuple et à débattre avec lui des questions brûlantes. Il les soumet à l'appréciation des ONG et d'autres organisations de la société civile, tient compte de leurs propositions et envisage des solutions avec elles.

Cet outil de renforcement de la capacité d'analyse et de contrôle de la société civile concerne aussi bien les gouvernants que les partenaires extérieurs, souvent pressés d'agir et de consolider les orientations en cours. La lenteur du processus participatif et la nature le plus souvent alternative des solutions qui émanent des populations sont autant de défis que décideurs locaux et « partenaires » financiers auront à relever. Quant aux organisations et aux mouvements sociaux, ils doivent s'imposer deux exigences. D'une part, l'élargissement de la base de la citoyenneté afin qu'une masse critique d'hommes et de femmes puissent exercer leur esprit d'analyse et poser les bonnes questions aux dirigeants qu'ils choisissent. D'autre part, le renforcement de leur capacité de négociation et de proposition, qui passe par l'appropriation des outils de contrôle et de suivi des choix et des pratiques politiques et économiques.

L'Afrique n'a certainement pas toujours eu droit aux dirigeants qu'elle méritait, mais elle n'a pas non plus connu que des dirigeants malhonnêtes, incompétents et corrompus. Le fait que l'ensemble des États africains soient aujourd'hui confrontés à des difficultés semblables et que celles-ci persistent même en cas de changement d'équipe en dit long sur l'importance et l'impact des facteurs externes dans le sabotage des économies et des démocraties. Le « réalisme » auquel font appel la plupart des décideurs du Sud et du Nord pour éviter les remises en question qui s'imposent n'est, en fait, que démission et indifférence face au sort des couches sociales les plus vulnérables. Aujourd'hui fondée sur la compétition et le profit, la mondialisation revêtira un visage véritablement humain le jour où chacun pourra dire « je » en pensant « nous ».

12

Dire « je » et « nous »

J'ai des raisons de croire à ma folie. Aux autres je n'ai tendu la main que pour me diluer dans l'humain.

Fernando D'ALMEIDA

La nature et la qualité de notre rapport au monde sont largement tributaires de la perception que nous avons de nous-mêmes. Aussi l'autre Afrique possible dont j'ai déjà évoqué certaines exigences commence-t-elle, dans les circonstances actuelles, par le retour à soi et par le développement de la faculté de dire « je » et « nous ». Cet impératif est le même pour les individus et les États ; il est culturel et politique.

Quand, en Afrique, nous nous insurgeons contre nous-mêmes, nous nous demandons pourquoi l'Autre – en l'occurrence l'Occident – est toujours en position de dominer si ce n'est parce que nous sommes colonisables. En général, nous n'aimons pas regarder cette face de la médaille ; nous l'occultons de peur de dédouaner l'agresseur.

Avoir été colonisable et le demeurer suppose qu'en dépit de nos dénonciations politiques nous envions l'Autre bien qu'il soit l'agresseur. Pourquoi ? Le paradoxe n'est qu'apparent. La puissance colonisatrice limite notre capacité de résistance en s'attaquant à l'image que nous avons de nous-mêmes. Celle-ci est frappée de désamour. Il s'agit d'une situation où l'Autre ne vous aime pas tel(le) que vous êtes et vous le fait savoir. Pour avoir intériorisé son regard, vous ne vous aimez pas davantage. C'est alors que, progressivement, vous aspirez à être et à vivre comme lui. Chaque élément constitutif de son image et de son identité qu'il vous donne à voir et à consommer devient un modèle à imiter : comportement social, habillement, habitat, nourriture, langage, loisirs, etc.

Les différents aspects de la tragédie africaine peuvent et doivent être examinés à la lumière de ce processus de dépersonnalisation qui s'observe au niveau individuel et étatique. À défaut d'avoir pu nous frayer un chemin propre à partir des années 1960, date de l'accession de la plupart de nos États à l'indépendance, nous avons tendance à redevenir, avec la globalisation, ces millions d'hommes à qui on a inculqué savamment la peur, le complexe d'infériorité, le tremblement, l'agenouillement, le désespoir, le larbinisme, et la recolonisation a de beaux jours devant elle.

Rien n'a fondamentalement changé dans le regard de l'Autre ni dans notre mentalité de colonisés. Nous ne sommes pas guéris, ou pas suffisamment, du renoncement à notre être profond, ni du mépris qui peut aller jusqu'à la haine de nous-mêmes, des nôtres et de tout ce qui en émane. Ce comportement est le propre d'une certaine élite, plus encline à recourir à l'expertise étrangère, aux solutions importées, à écouter et à suivre George W. Bush, qu'à défendre les intérêts fondamentaux de son peuple. De telle sorte que, lorsque nous repoussons physiquement l'Autre (décolonisation), il resurgit dans nos têtes et nous dicte nos comportements : nos villes, nos maisons, nos décors, nos vies, sont souvent de pâles copies de modèles occidentaux. Et quand, dans le cadre des négociations, l'Autre se dresse devant nous, nous finissons par céder en estimant qu'il n'existe pas d'alternative à la voie qu'il a tracée. « There is no alternative » : plus nous montons dans la hiérarchie sociale, plus cette triste réalité se confirme. Les couches sociales populaires, et notamment les femmes, savent puiser dans le patrimoine culturel africain, matériel et immatériel. La classe moyenne (qui tend à disparaître avec la paupérisation qui n'épargne qu'une minorité) imite aussi dans la mesure de ses moyens. L'élite, quant à elle, n'a de statut que dans la fusion avec le maître. L'autre Afrique possible commence donc par la décolonisation des esprits. Son avènement est un préalable à notre participation à l'ordre du monde sur des bases autres que celles de la subordination et de la simulation.

Il est intéressant de noter que, dans ce jeu de miroirs, l'Autre, qu'il ait pour nom Europe, États-Unis ou Japon, vit de l'idée de supériorité qu'il a de lui-même et que nous alimentons avec nos comportements de soumission. La traque d'Oussama Ben Laden par les Américains au prix d'une guerre contre l'Afghanistan vise, en plus des enjeux stratégiques, à réparer un affront : celui qui a consisté à rappeler aux États-Unis leur vulnérabilité. Parmi les images dont le flot nous a envahis après les attentats du 11 septembre, l'une des plus parlantes à cet égard montrait une mère américaine rapportant que, lorsque son enfant (qu'elle tenait dans ses bras) lui avait demandé le pourquoi de cet acte, elle avait répondu : « Parce que d'autres n'aiment pas notre manière de vivre. » L'Amérique, qui se percevait jusqu'alors comme le peuple élu et béni des dieux, notamment du dieu Argent, et qui, du fait de sa supériorité supposée, pensait susciter envie, admiration et respect, s'est subitement trouvée confrontée à une autre image d'elle-même : celle d'une nation mal aimée, voire objet d'une véritable haine. Voici l'insupportable blessure narcissique dont souffre la superpuissance mondiale.

Cette mère de famille sincère et malheureuse évoque, elle, une image construite par les représentants officiels et par les médias de son pays. Elle n'est pas sans fondement, mais pas tout à fait exacte non plus. L'administration américaine l'a privilégiée, dans le nouveau contexte, pour nourrir le nationalisme et susciter le soutien du peuple américain à la riposte militaire. Mais elle est allée encore plus loin en mondialisant sa guerre, exigeant de tous les peuples « amis » qu'ils s'identifient à son combat.

L'autre enseignement majeur de cette tragédie – que l'administration Bush gagnerait à méditer – est qu'aucune personne ni aucune nation n'est capable de s'en sortir seule. Le danger peut venir de très loin, et aucun adversaire ne doit être sous-estimé. Les peuples du Sud, à la différence de ceux du Nord, ont déjà fait depuis longtemps cette amère expérience de l'altérité quand elle se fait adversité. Le fait d'être interdépendants n'implique pas que les gros poissons peuvent avaler les petits, mais que chaque être et chaque nation a le droit d'exister et de vivre dignement afin d'être ou de redevenir un frère et un allié pour l'autre.

Cette leçon nous impose à tous et partout un travail de (re)construction de l'homme dans ses rapports à lui-même et à l'Autre. Tous les regards qui se sont brusquement tournés, le 11 septembre 2001, pratiquement au même moment, vers les deux tours de Manhattan et vers le Pentagone sont au fond venus tirer l'Amérique de son isolationnisme. À nos yeux de peuples du Sud, la supériorité technologique et celle de la finance, qui tendent à faire des États-Unis un pays extraterrestre en l'éloignant du monde, ont montré leurs limites. L'Amérique souffrait, pleurait, avait mal comme n'importe quel autre peuple, et nous compatissions à sa douleur. Si ce laps de temps extrêmement court mais fort précieux, marqué par la compassion et la solidarité, s'était prolongé, une solution juste aurait pu, à travers les Nations unies, être trouvée à ce crime abominable. Mais il a fallu que l'Occident brandisse à nouveau le « je » des gagnants, des puissants, des arrogants.

Ainsi, certains ont écrit : « Nous sommes tous américains. » L'élan de solidarité qui se profilait derrière ce slogan, en soi compréhensible, n'était pas inclusif ni de nature à conforter le sentiment de l'interdépendance telle que nous étions en train de la vivre, avec spontanéité et sincérité. Ce « nous », dans le contexte où il était proféré, résonnait comme une *exigence* de solidarité entre les peuples d'une partie du monde. Le Nord, qui se veut et se dit libre, s'était senti agressé et, de ce fait, estimé en droit de se défendre contre un ennemi nécessairement présenté comme barbare. La bonne entente et l'amitié entre Américains et non-Américains pouvaient dès lors être considérées comme étant partout en danger.

De peur que ce moment de douleur et d'égarement ne les affecte de manière irréversible et durable, les habitants d'Amérique, d'Europe, d'Afrique, d'Asie et d'ailleurs qui ont le sentiment que notre planète est une et que nous en sommes tous les citoyens ont immédiatement réagi en échangeant, par Internet et par téléphone, des mots et des idées, ceux qui rapprochent et qui soignent. Ils se sont rappelés que nous traversions une période de folie, mais qu'il ne fallait pas céder à la panique ni désespérer les uns des autres ou de l'homme.

À Bamako, une amie suisse, Maud Craft, avec qui j'échange souvent des impressions sur l'état du monde, m'écrivit sa pensée du moment : « La violence, le terrorisme sont inacceptables, justiciables, condamnables. La religion manipulée, déviée de toute finalité spirituelle, exclusive, intolérante est exécrable ; mais l'Occident n'a pas de leçon à donner à cet égard. Il suffit de relire nos livres d'histoire. » Elle-même assistait, impuissante et stupéfaite, à l'effondrement de l'un des symboles forts de la réussite de son pays, la compagnie aérienne Swissair. Cet autre séisme, bien moins violent et destructeur que celui du 11 septembre mais au coût économique, social et politique fort élevé, a suscité des réactions édifiantes quant au « je » de ce pays de l'hémisphère Nord. Un citoyen suisse s'exprimant à la télévision fit remarquer qu'il souffrait beaucoup car la situation de Swissair lui donnait le sentiment de vivre dans un pays du Tiers-Monde. Ce témoignage laissait entendre une fois de plus que la douleur et l'échec avaient leur place dans nos sociétés mais pas dans celles du Nord. Maud Craft, elle, dans sa réflexion écrite, tentait de nous réconcilier avec les siens : « Swissair s'effondre. Nos symboles basculent. Nos certitudes vacillent. Le politique balbutie, décontenancé… Nous croyons être différents. Nous sommes entraînés dans un séisme dont les ondes se répercutent jusque dans nos montagnes. »

Nous sommes nombreux à travers le monde à avoir le sentiment que, par-delà les frontières et les différences de fortune, la réalité du pouvoir est sensiblement la même partout, faite d'indifférence envers les vues et les aspirations profondes des peuples et de fuite en avant dans des solutions qui peuvent s'avérer désastreuses. Et ce sont la plupart du temps des civils, nantis comme ceux de New York ou totalement démunis comme la majorité des populations afghanes, palestiniennes, africaines, asiatiques ou latino-américaines, qui paient de leur vie pour les erreurs et les crimes de leurs dirigeants. La concentration du pouvoir entre les mains d'une poignée d'hommes en dit long sur l'impérieuse nécessité de faire naître une citoyenneté transfrontalière ; celle qui s'exerce à l'échelle nationale est d'une portée plus que limitée.

Contrairement au militaire Moussa Traoré dont il a pris la succession, le président de la Troisième République du Mali, Alpha Oumar Konaré, n'est pas seulement issu d'un mouvement social, il en a été l'une des principales figures dans le pays et sur tout le continent. Son discours était et demeure pro-pauvres, pro-peuple. Démocratiquement élu, il avait tout pour fédérer et mobiliser ses compatriotes. Pourquoi fait-il cavalier seul, prenant soin de ne s'entourer que d'hommes et de femmes qui lui laissent les mains libres ? Pourquoi cette fuite en avant dans le superflu plutôt que de gérer les impératifs que sont l'éducation, la santé, l'assainissement ? L'itinéraire personnel d'Alpha Oumar Konaré nous rend envers lui beaucoup plus exigeants qu'envers ses prédécesseurs. Espérons qu'il répondra un jour à ces questions pour restaurer la confiance du mouvement social dans ses militants accédant à la magistrature suprême, et que certains échecs serviront d'enseignement pour améliorer et moraliser la vie politique en Afrique et dans le monde.

Au-delà de mon pays, qui est un cas d'école en matière d'incompatibilité entre l'engagement citoyen et l'exercice direct du pouvoir, les comportements de l'ensemble des dirigeants africains dans les circonstances actuelles sont très révélateurs de la difficulté pour eux d'agir conformément aux aspirations profondes des populations, de conjuguer le « je » et le « nous ». L'avènement au pouvoir de la plupart d'entre eux fut accueilli et interprété comme le début du changement. *Sopi*, qui veut dire « changement » en ouolof, était et demeure le cri de ralliement des partisans d'Aboulaye Wade au Sénégal. Les présidents Abdelaziz Bouteflika (Algérie), Thabo Mbeki (Afrique du Sud) et Olusegun Obasanjo (Nigeria), de leur côté, ont suscité à leur arrivée, de par leur itinéraire, de nombreux espoirs dans leurs pays respectifs et au niveau du continent. Alors pourquoi, une fois investis de la confiance de centaines de millions d'Africains, s'engagent-ils maintenant dans la défense et la promotion d'un programme néolibéral de partenariat – le NPAD, ou Nouveau partenariat pour le développement de l'Afrique – sans consulter leurs peuples ? Admettons qu'ils aient été contraints dans un premier temps de brûler cette étape pour des raisons financières et logistiques ; pourquoi, dans ce cas, ont-ils commencé par soumettre leur initiative aux institutions financières internationales, au G8, à l'Union européenne, au Japon ? Devons-nous croire, comme c'était le cas dans un passé que nous pensions révolu, que ce sont ces mêmes institutions qui, en dernière analyse, leur permettent de se maintenir au pouvoir ? Qu'y a-t-il de nouveau et d'africain dans un partenariat qui reconduit les mêmes idées, réformes et mots clés et qui s'adresse aux mêmes interlocuteurs du Nord, dont la perception de l'Afrique, la conception de son présent et de son futur n'ont pas changé ? Nul ne soulève ce genre de questions lors des assemblées solennelles qui, dans des capitales européennes ou américaines, ne cessent de se réunir sous l'égide des différentes organisations internationales pour entendre l'Afrique « parler d'elle-même ».

C'est ainsi que l'Unesco a fait appel, les 8 et 9 novembre 2001 à Paris, à de nombreux Africain(e)s de tous milieux, de tous horizons, pour examiner les modalités de mise en œuvre du NPAD. Celui-ci est d'autant moins légitime que le document qui en constitue la base est pratiquement introuvable et inaccessible en Afrique, sauf pour les internautes. La dernière version, qui nous a été distribuée pendant la réunion de l'Unesco, affirme sans ambages ni complexes, en guise d'introduction, qu'il s'agit d'un « engagement des chefs d'État africains basé sur une vision commune, ainsi qu'une conviction ferme partagée qu'ils ont le devoir pressant d'éradiquer la pauvreté et de mettre leurs pays, à la fois individuellement et collectivement, sur la voie de la croissance durable et du développement et, en même temps, de participer activement à l'économie mondiale ».

Il y a une double méprise de la part des dirigeants africains quant à la nature et à la fonction du leadership que nous souhaitons et quant à la direction dans laquelle nous voulons qu'ils regardent. Nous n'attendons pas d'eux qu'ils nous conduisent à l'abattoir, les institutions financières internationales et le G8 leur tenant la porte, mais au contraire qu'ils agissent en leaders porteurs de vision et d'alternatives aux réformes néolibérales, capables d'écoute, privilégiant le partenariat avec les différentes composantes de leurs sociétés. Nous ne voulons plus de ces dirigeants qui commencent par dire ce que les « pays donateurs » ont envie d'entendre, recueillent leur avis avant le nôtre et leur tendent ensuite la gamelle. Aucune croissance n'est durable sur la base de l'exclusion de son peuple et de l'alliance avec les forces du marché.

Nous avons entendu à ce sujet quantité d'énormités – par exemple, qu'il n'existe pas de société civile en Afrique, ou que si elle existe elle n'a pas plus de légitimité que les chefs d'État. Si c'est le cas, les dirigeants africains doivent savoir pourquoi, notamment ceux qui disposent de leur propre

ONG et considèrent qu'elle représente les populations. Admettons que les victimes des programmes d'ajustement structurel ne soient pas suffisamment organisées et avisées pour faire le lien entre leur situation désastreuse et les réformes mises en œuvre ; elles n'en constituent pas moins des acteurs sociaux, qui se sont soulevés contre les régimes antérieurs et à qui de nombreux dirigeants doivent leur élection. À défaut de trouver une société civile qui parle d'une seule et même voix, les travailleurs, les femmes, les jeunes, tous ceux qui font les frais des décisions macroéconomiques néolibérales, méritent au moins le respect.

À propos des programmes parachutés de Washington, Bruxelles ou ailleurs, nous avons coutume de nous demander : « À qui sont-ils destinés ? » Notre devoir est de poser la même question à nos dirigeants à propos de leur NPAD. Les priorités qu'ils ont retenues ne résistent pas à l'examen critique : la paix et la sécurité, qui viennent en tête de liste en tant que préalables au développement, sont – faut-il le rappeler ? – troublées par le processus de dépossession et d'appauvrissement qui caractérise l'ouverture forcée et précipitée de nos économies au marché mondial. Les guerres et les conflits ont certes des causes internes, mais les frustrations et les privations engendrées par la fluctuation des prix des matières premières, les suppressions d'emplois, de bourses d'études, de subventions à l'agriculture dans le cadre des PAS les expliquent de façon tout aussi convaincante. Ce n'est pas en s'inscrivant dans cette logique que le NPAD contribuera à la paix en Afrique.

Les ressources humaines ? Vingt ans d'ajustement structurel ont suffi pour rendre l'école inaccessible à la grande majorité des enfants des couches sociales moyennes, rurales ou défavorisées. Elle ne produit plus que de semi-lettrés condamnés aux bas salaires, au sous-emploi et à l'exil. Les partenaires vers lesquels se tournent nos dirigeants ne conçoivent le renforcement des capacités en Afrique qu'en termes de formation d'exécutants, d'auxiliaires et de subalternes du marché. Les Africains les plus qualifiés sont happés par les pays industrialisés, qui peuvent les rémunérer à la hauteur de leurs compétences.

Les infrastructures ? Elles sont budgétivores et représentent le lieu par excellence de la mauvaise gestion et de la corruption. Les expériences antérieures ne plaident nullement en faveur de ce volet du NPAD, pas plus que les contrats faramineux attribués par les dirigeants les mieux placés à des entreprises étrangères qui, chemin faisant, les enrichiront et leur permettront de financer leur réélection. Par ailleurs, nos chefs d'État ont la fâcheuse tendance de mettre la charrue avant les bœufs en faisant passer les routes, les ponts et les aéroports avant l'agriculture – qui constitue l'ossature des économies africaines et occupe encore la majorité de nos populations – et l'industrialisation – largement entravée par le choix de l'ouverture économique.

La production pour l'exportation et l'accès au marché ? Avons-nous fait autre chose depuis notre rencontre avec l'Occident que de produire pour son marché, en fonction de ses besoins et de ses rêves ? Et qu'avons-nous récolté hormis les bas prix qu'il consent à nous payer, les industries polluantes qu'il délocalise et les bas salaires ?

La mobilisation des capitaux ? Pour quel projet de société ? À quelles conditions ? Pour répondre à quelle demande sociale ? Quelles seraient les modalités de remboursement ? Il apparaît, en dernière analyse, que les chefs d'État africains sont à la recherche de partenariats extérieurs leur assurant l'accès aux capitaux étrangers dont ils ont besoin pour mettre en œuvre leur vision, qui n'est pas nécessairement celle de l'Afrique des peuples.

Ainsi, le « je » de nos dirigeants et celui de leurs partenaires du Nord, c'est-à-dire les intérêts particuliers et immédiats, l'emportent sur le « nous », synonyme de respect et de souci des autres, de consultations permanentes et de négociations avec les populations. L'Afrique officielle a décidément besoin d'une nouvelle culture du leadership. Elle n'est malheureusement pas à bonne école compte tenu de ses relations de plus en plus étroites avec une administration américaine qui ne répond pas davantage à la question du « pourquoi » quand ses administrés l'interrogent.

Un citoyen américain du nom de Christ Wright[1] remarque, à propos des attentats du 11 septembre et de leurs conséquences, qu'il est tout à fait légitime aux États-Unis de demander « comment », « quoi », « où » et « quand », mais pas « pourquoi » car cette dernière question impliquerait que les responsables, pour monstrueux qu'ils soient, sont des êtres humains. Le « pourquoi » laisserait à penser, selon Christ Wright, que des êtres humains « normaux » peuvent détester les États-Unis pour des causes rationnelles ; il supposerait que cet acte de terreur, bien qu'inexcusable et meurtrier, peut avoir une explication. Et d'égrener une série de raisons possibles. Une odeur de pétrole plane sur les événements qu'il évoque, responsables de dizaines de milliers de morts en Irak, en Iran, en Palestine, en Turquie, en Jordanie, en Syrie, au Koweit, en Afghanistan... Dans chaque cas, Christ Wright pose à ses concitoyens américains la question suivante : « Comment auriez-vous réagi si vous vous étiez trouvés à la place de ces peuples ? »

Les pays de l'hémisphère Sud qui s'enlisent chaque jour davantage attendent aussi une réponse à cette épineuse

1. Cet article, intitulé « Don't ask, don't tell... why », peut être lu à l'adresse Internet suivante : http://alt.venus.co.uk/weed/current/wright.htm.

question. Ils espèrent que les nations nanties développeront bientôt cette faculté de dire « je » et « nous », d'imaginer un monde où les damnés de la terre auront le droit de décider pour eux-mêmes et de jouir enfin de leurs propres ressources. L'Afrique, elle aussi, a mille et une raisons d'interpeller le monde et l'Amérique à propos de son état général de déliquescence et de la situation de la région des Grands Lacs. La même odeur de pétrole pollue l'atmosphère au Congo Brazzaville, en République démocratique du Congo, en Angola – pays victimes, depuis longtemps déjà, du pillage des immenses ressources de leur sous-sol. La volonté de contrôle des richesses de la planète aveugle les grandes puissances et semble autoriser tous les excès, qu'elles camouflent à coups de mensonges et d'agressions.

Mais nous ne pourrons nous montrer exigeants envers les puissances commerciales et financières que lorsque, aux niveaux régional et national, nos propres dirigeants se montreront soucieux des intérêts et des points de vue de leurs peuples et sauront les défendre avec conviction et rigueur. Or ce ne sera pas le cas tant qu'une masse critique de citoyens et de citoyennes n'exigera pas d'eux des comptes et ne se verra pas offrir les moyens de les juger en fonction de leurs choix et de leurs actes. Car si les chefs d'État africains n'ont qu'une très faible marge de manœuvre, ils gardent la possibilité d'éduquer leurs concitoyens, de les informer des contraintes auxquelles ils sont confrontés et d'encourager la créativité dans la quête d'alternatives.

13

L'imaginaire réhabilité

Ne payons pas de tribut à l'Europe en créant des États, des institutions et des sociétés qui s'en inspirent.

Frantz FANON

Que reste-t-il de notre imaginaire politique et social des années 1960, alors que nous nous libérions du joug colonial et que nous nous disions, déjà à l'époque, qu'un autre monde était possible ? Nous sommes habités par un profond regret, celui de n'avoir su ni pu garder le contrôle de l'initiative. Mais il subsiste en nous, en ce moment précis de l'histoire de nos peuples et de l'humanité, un immense espoir : celui de pouvoir donner le meilleur de nous-mêmes dans la reconstruction de nos sociétés déstructurées, de nos économies démantelées, de notre être au monde tourmenté car renié.

Que le lecteur me permette encore une fois de me référer à mon vécu. Ceux et celles qui me rencontrent pour la première fois chez moi, à Bamako, sont souvent surpris de me découvrir architecte aux pieds nus, décoratrice d'intérieur, interlocutrice et complice de bon nombre d'artisans et d'artistes. Un(e) intellectuel(le), en règle générale, semblent-ils me rappeler, pense et écrit, mais laisse à d'autres le soin de l'action transformatrice. Comment leur faire comprendre qu'à l'instar de la plupart des hommes et des femmes de ma race je tente ainsi de recoller les éléments de mon être disloqué ? Dans un contexte comme le nôtre, où tout est à faire, écrire et agir procèdent du même besoin vital de résister et d'exister.

En effet, un jour, j'ai été lasse de proposer aux services et aux institutions qui me sollicitaient des rapports d'étude ou de mission qu'ils classaient sans leur donner de suite, de prêcher sans pouvoir influencer les centres de décision ni agir moi-même. Ces interventions se situaient la plupart du temps dans les domaines de l'artisanat, de la promotion du rôle des femmes dans divers secteurs, de l'environnement, etc. L'action militante et la quête identitaire ont fini par coïncider et par trouver leur pleine expression dans les différents établissements que j'ai mis sur pied : le Djenné et le San-Toro (deux restaurants galeries), le centre Amadou Hampâté Bâ (un centre de formation et de dialogue politique) et le Dunanso (un lieu de rencontre et d'hébergement). Et, tandis que j'avançais dans la réalisation de ces espaces, je me disais que l'autre Afrique possible était un défi à l'imaginaire et à la créativité.

Ce choix de donner à voir et à partager mon idée de l'Afrique, de « rêver en plein jour », s'est imposé à moi avec force à partir des années 1970 face au marasme économique du continent et au mépris culturel qui en découlait. Mon enfance dans un environnement où toutes les femmes savaient se servir de leurs deux mains – production de fils de tissage, teinture, broderie – m'avait préparée à ce saut dans le concret. L'Association des femmes africaines pour la recherche et le développement (AFARD), créée en 1977 par Marie Angélique Savane, fait partie de ces lieux où je me suis familiarisée avec les blessures du continent et révoltée contre l'arbitraire, l'injustice et la négation. Le détournement des ressources africaines de la satisfaction des besoins vitaux des populations, la dépendance financière, technologique et politique, la dépossession des chercheurs et des décideurs des outils théoriques et des cadres analytiques indispensables pour comprendre nos sociétés comptent parmi les maux dont on ne vient à bout qu'en imaginant et en optant pour un autre monde[1].

De colloque en colloque, de pays en pays, individuellement ou en groupe, les membres de l'AFARD que nous étions avons plaidé sans répit pour des alternatives à ces politiques agricoles essentiellement axées sur l'exportation de matières premières, à ces pratiques commerciales inondant l'Afrique de biens importés au détriment des productions locales. Mais ces prises de position étaient prématurées dans le contexte d'alors, celui des partis uniques, et nos marges de manœuvre étaient réduites. D'ailleurs, lorsque les décideurs – très rarement – nous consultaient en toute bonne foi, la réflexion théorique et le plaidoyer ne suffisaient pas à les rallier à nos thèses.

Progressivement, mon ambition est devenue de restaurer la confiance en nos valeurs de culture, de convaincre mon entourage immédiat, de rééduquer notre regard sur nous-mêmes, de réformer notre pensée à travers des actions concrètes, visibles et palpables. La grande idée que je m'étais faite de l'Afrique au moment de l'accession de nos pays à l'indépendance, dans les années 1960, allait nourrir mon imaginaire et m'aider à créer ces établissements. Fidèle à mes convictions quant à l'autonomie de penser et de décider, il m'importait de sauvegarder mon indépen-

1. La « décolonisation de la recherche », tout comme j'ai parlé plus haut de « décolonisation des esprits », était d'ailleurs le thème de la toute première réunion organisée dans le cadre de l'AFARD. L'association rassemblait alors une trentaine de femmes chercheuses d'Afrique de l'Ouest, de l'Est et du Nord ; dix années plus tard, elle couvrait l'ensemble du continent…

dance et de ne réclamer ni subvention ni aide extérieure. C'est pourquoi j'ai mis quinze années avant d'atteindre mes objectifs. Si je dois quelque chose à quelqu'un, c'est uniquement à ma famille et à une poignée d'amis dont le soutien et la complicité m'ont été précieux. Chris Seydou, le très talentueux styliste de mode malien prématurément disparu en 1994, est de ceux-là. Le concept qu'il a développé consistait à utiliser, dans le domaine des textiles et de la mode, des matériaux et des savoir-faire existants. Il a largement contribué à construire l'image que nous avons aujourd'hui des femmes africaines. Notre pari visait donc à prouver que, dans un pays dit pauvre comme le Mali, la culture est l'un des leviers les plus importants à actionner pour réhabiliter et relancer l'économie tout en produisant du sens.

Il est une question que l'on me pose souvent : comment conférer une dimension nationale à cette réponse alternative à petite échelle, à cet effort de réarticulation de l'économie, de la culture et de la consommation ? D'aucuns sont convaincus que seule une position gouvernementale peut favoriser ce changement d'échelle. Je n'en étais moi-même pas certaine mais, comme je l'ai déjà évoqué, je me suis laissé persuader en 1997 par le Premier ministre et j'ai cru naïvement à ses promesses. Si je garde un souvenir si amer de mon passage au gouvernement, c'est parce que j'ai réalisé que la politique politicienne et la créativité ne font pas bon ménage.

Le couple tourisme/culture, qui me rebutait au départ[1], ne m'est apparu sous un angle nouveau, voire fascinant, qu'à

---

1. Ma réticence provenait du fait que, si je trouvais la culture exaltante en tant que champ de réflexion et d'action, je jugeais le tourisme ambigu, de nature à exposer les communautés, l'environnement et l'héritage culturel à des dangers que nos pays ont souvent du mal à prévenir et à endiguer – consommation d'alcool, de tabac ou de drogue influant sur les comportements des jeunes, prostitution des enfants, mendicité, pollution…

partir du moment où j'ai perçu l'opportunité de contribuer à la réhabilitation de l'imaginaire malien par son biais. Je ne voyais pas, et je ne vois toujours pas, d'autre moyen de sortir de la morosité et du pessimisme qui gagnent du terrain. De plus, suivre cette voie ne requiert rien de plus de notre part que la foi en l'homme. Réhabilité dans son humanité et dans sa dignité, celui-ci est capable de donner le meilleur de lui-même et de prendre soin de tout ce qui lui est confié : capitaux, technologies, infrastructures, etc. En fait, en nous réside une part de divin. Amadou Hampâté Bâ écrit à ce sujet : « [Lorsque] Maa-Ngala (ou Dieu-maître) s'autocréa, il créa 20 êtres qui constituèrent l'ensemble de l'univers. Mais il s'aperçut que, parmi ces 20 premières créatures, aucune n'était apte à devenir son *kumanyon*, c'est-à-dire son interlocuteur. Alors il préleva un brin sur chacune des 20 créatures existantes. Il mélangea le tout et s'en servit pour créer un 21e être hybride, l'homme, auquel il donna le nom de Maa, c'est-à-dire le premier mot composant son propre nom divin[1]. »

Cette conception de l'homme, le seul, unique interlocuteur pour Maa-Ngala, le divin, est un défi à la thèse misérabiliste des institutions de Bretton Woods sur la pauvreté. En lui-même, l'homme est une richesse indépassable. L'Afrique n'est pas pauvre, et nous Africains ne le sommes pas davantage. Si nous le sommes, ce n'est que par comparaison avec une nouvelle espèce humaine, l'*Homo oeconomicus*, que Majid Rahnema décrit ainsi : « Sous prétexte d'offrir aux humains une civilisation de l'abondance, cet homme dénué de culture et de sens moral entreprendra une guerre larvée contre les sociétés de suffisance (ou ce qu'on a appelé plus tard l'économie morale de subsistance). Les projets de

1. Amadou Hampâté Bâ (1995), p. 14.

développement et de lutte contre la pauvreté vont servir d'instruments pour détruire les derniers remparts que les pauvres vernaculaires s'étaient construits contre la misère. Des communautés entières perdront ainsi leurs lits de pauvreté, pendant qu'une petite minorité de nouveaux riches trouveront leur réussite personnelle dans leur intégration au nouvel ordre économique[1]. »

Il apparaît, comme le fait remarquer Majid Rahnema, que le discours sur la pauvreté en dit plus long sur son auteur (l'Occident) et sa vision du monde que sur son objet, en l'occurrence l'Afrique. « Dans le cas de la pauvreté, le sujet qui construit le pauvre s'assume généralement comme un être "normal" et suffisamment qualifié pour connaître le pauvre et apporter des solutions à ses problèmes[2]. »

Si l'on se réfère aux réalités actuelles du continent, force est de constater que, en imposant aux pays africains, dont le Mali, des Cadres stratégiques de lutte contre la pauvreté (CSLP)[3], la Banque mondiale met à nu sa vision méprisante de l'Afrique et manifeste son intention de conforter sa position d'« alchimiste moderne » chargé de la transformation de nos pays. Quand les Maliens, et les Africains dans leur ensemble, auront compris cette équation, ils découvriront que la détermination de la puissante institution de Washington, et d'autres agences de coopération dans son sillage, cache mal l'échec des réformes économiques néolibérales dans leurs pays.

---

1. Majid Rahnema (à paraître).

2. *Ibid.*

3. Les Cadres stratégiques de lutte contre la pauvreté (CSLP) sont des programmes nationaux qui, théoriquement, visent à réduire la pauvreté dans les pays surendettés de l'hémisphère Sud. Ils servent de documents de base pour obtenir des financements de la part de la Banque mondiale et du FMI.

L'Afrique n'est pas pauvre ; ce sont les institutions de Bretton Woods qui sont incompétentes. Alors elles bricolent au mépris des vies humaines et du processus de démocratisation sur le continent. Dans un tel contexte, la réforme de notre pensée prime sur celle de nos économies et de nos institutions malades, auxquelles on continue d'administrer des remèdes de cheval. Il est grand temps de nous atteler à cette tâche, en commençant par confronter les mots du discours dominant aux faits tels que nous les vivons.

Comment réécrire, relire et redire le projet néolibéral en Afrique

Les mots du discours dominant	**Les faits vécus mais non dits**
Mondialisation	Une dynamique financière, économique, politique, technique et culturelle qui concentre les richesses et les pouvoirs entre les mains d'une minorité de privilégiés non élus mais dont l'ambition est de gouverner le monde. Il s'agit d'un véritable coup d'État institutionnel à l'échelle de la planète.
Libre-échange	Liberté de circulation des capitaux, des biens et des services au profit des principales puissances économiques et d'une minorité d'Africains, mais refus de la libre circulation des êtres humains.
Compétitivité	Une logique de guerre tous azimuts pour mieux posséder. Baisse des prix des produits au détriment des salaires et des petits producteurs locaux.

Ajustement structurel	– Ajustement du fonctionnement de l'économie et de l'État aux exigences du capitalisme mondial comme condition d'obtention de nouveaux emprunts. – Blocage des salaires, sous-emploi et chômage, déshumanisation, « clochardisation » des travailleurs. – Marchandisation des services sociaux les plus élémentaires (éducation, santé, eau potable...).
Privatisation	– Bradage du patrimoine public au profit de sociétés privées étrangères et de quelques entreprises nationales privilégiées. – Démantèlement du système de production et de distribution ainsi que des solidarités au nom de l'investissement étranger direct. – Contrôle des ressources productives et des débouchés par les multinationales au détriment des nationaux.
Croissance	Création de richesses au détriment des pauvres et de l'environnement.
Démocratie	Organisation d'élections sans débat sur le système économique néolibéral qui exacerbe et perpétue les injustices.
Élections « libres et transparentes »	– Course au pouvoir pour être en position de se servir et, à l'occasion, de corrompre. – Caution du peuple aux futurs élèves des IFI et des pays riches.
Décentralisation	Une modalité de l'ajustement structurel non liée à une réflexion endogène et autonome sur la gestion du pouvoir et des richesses.

Coopération/ Aide au développement	– Chantage aux financements extérieurs, ingérence macroéconomique et politique. – Défense des intérêts économiques et financiers des puissances donatrices.
Lutte contre la pauvreté	Colmatage des brèches en vue d'avoir les coudées franches dans la poursuite des réformes économiques néolibérales.
Terrorisme	Terme utilisé pour désigner la violence perpétrée sans l'aval des puissants de ce monde et contre leurs intérêts.

La réhabilitation de notre imaginaire politique et social, la réflexion et l'action alternatives exigent donc avant tout d'exorciser les mots et de déconnecter notre pensée de la théorie dominante qui nous aveugle. Le maquillage de la réalité – nous ne devons plus l'ignorer – est délibéré, organisé et orchestré par les gagnants du système. Il est au service d'un projet culturel global qui a ses instruments : médias, nouvelles technologies de l'information, en particulier Internet qui, tout en facilitant les échanges, diffuse des idées, des modes de pensée et des comportements qui émanent des nations industrialisées. L'objectif est d'uniformiser les vues, les choix, les goûts et les opinions.

Seuls les peuples qui ont conscience de leur passé, qui assument leurs valeurs de société et de culture, pourront survivre au passage de ce rouleau compresseur. Ils devront opposer à l'utopie néolibérale la mémoire, non pour nier l'autre ou cultiver la nostalgie, mais pour rappeler qu'ils sont là depuis la nuit des temps. Le monde, avant d'être pris en otage par les théoriciens néolibéraux qui veulent en faire une marchandise inaccessible à la majorité des habitants de la planète, est une donnée première et intangible que chaque être embrasse en naissant. La définition de « naître » n'est-elle pas « venir au monde » ? L'enfant vient donc au monde, qui est un lieu mais aussi un lien qu'il établit avec sa mère et avec les autres et qui se consolide au fil du temps. Il se nourrit des réalités de son milieu, qui est son monde. Les contours de celui-ci se dessinent en fonction de repères définis par le groupe. Aussi nos peuples n'ont-ils pas à mendier leur place au soleil auprès d'usurpateurs qui se posent en gardiens d'un système-monde n'obéissant qu'à leurs propres intérêts.

L'histoire est cette dimension du réel qui atteste que la production, les échanges commerciaux et la création de richesses ne nous sont pas étrangers. Selon Michel Rolph Trouillot, il appartient au citoyen, au moment de la « production du sens final, de la signification rétrospective, de rejouer la narration explicative et de la faire entrer dans son imaginaire où se confondent à la fois le privé et le public, le vécu et le vrai, la mémoire et l'histoire[1] ». Il s'agit, dans les circonstances actuelles où d'aucuns voudraient réduire notre humanité à des éléments comptables, de rappeler que « nous sommes du monde ». Nos poètes et nos historiens le font à merveille. « Je porte le monde depuis l'aube des temps », s'écrie Bernard Dadié ; le professeur Joseph Ki Zerbo rappelle, quant à lui, que l'Afrique en tant que berceau de l'humanité est aussi la région du monde qui a enregistré les premiers progrès humains, lesquels se poursuivirent par l'irradiation de la civilisation égyptienne autour du bassin méditerranéen. Jusqu'au XVIe siècle et à la traite atlantique, ajoute-t-il, « l'Afrique était en liaison et en phase difficiles mais satisfaisantes avec le reste du monde : elle était, comme les autres continents, une région non développée qu'une

1. Michel Rolph Trouillot (2000), p. 14.

occurrence ou une opportunité décisive pouvait aider à se transformer dans un sens ou dans l'autre[1] ». Au Mali, les grottes des massifs montagneux de l'Adrar des Iforas portent les traces indélébiles de cette présence humaine.

Les rapports du continent noir au reste du monde s'apparentent en fait à un lien ombilical qui, avant d'être coupé et renié, fut renforcé par de nombreux faits marquants, parmi lesquels le pèlerinage à La Mecque de Kankou Moussa en 1324-1325. Puisque l'on parle aujourd'hui du défi de l'ouverture au monde, cet événement atteste, s'il en était besoin, que le Mali l'avait relevé dès cette époque de son propre chef et que ce pays, classé aujourd'hui parmi les plus pauvres, était réputé pour sa richesse. Il avait d'ailleurs, à la faveur du voyage de Kankou Moussa à La Mecque, tissé des relations diplomatiques avec plusieurs pays étrangers, dont le Maroc, où il envoya une ambassade auprès du sultan Abou Hassan, et le Portugal, où il noua des relations avec Jean II. L'empereur du Mali, qui impressionnait ses contemporains par le faste de son cortège, acquit le titre de roi des mines d'or. Son omniprésence dans les affaires du monde d'alors justifia que l'empire apparaisse sur la carte d'Angelino Dulcert[2]. L'empire du Ghana, qui avait précédé celui du Mali, a lui aussi brillé par sa richesse en or.

La tentative, vers 1303, d'Aboubakar II d'explorer l'Atlantique montre elle aussi que l'Afrique n'attendait pas passivement que d'autres viennent la dominer, la diriger, parler en son nom et à sa place. Toutefois, l'élan du continent vers le reste du monde fut entravé par le retard des techniques, et le professeur Joseph Ki Zerbo souligne que « le défaut de gouvernail, le manque de boussole et

1. Joseph Ki Zerbo (2001).
2. Ce cartographe a établi sa carte du monde en 1339.

d'appointement firent de ce découvreur africain [Aboubakar II] et de sa flottille les victimes d'une audacieuse anticipation[1] ». Le commerce extérieur, à l'aune duquel le discours néolibéral juge et classe les États, n'est lui non plus en rien étranger aux Africains, et aux Maliens en particulier.

À l'empire du Mali succéda l'Empire songhoï, dont l'organisation et le fonctionnement sont particulièrement riches d'enseignements. Sonni Ali Ber, qui l'a porté à son apogée et qui est considéré comme le plus grand génie militaire de l'Ouest africain, réalisa de nombreux canaux pour l'irrigation et le transport de ses troupes. Le canal reliant Gao à Sané, encore visible, et les canaux du Gourma témoignent des efforts de transformation économique, politique et sociale de cette époque.

Fondée en 1493, la dynastie des Askia succéda à celle des Sonni. Le voyageur Léon l'Africain, qui visita l'empire de Gao en 1507, fut surpris par l'ordre et la prospérité qui régnaient sous Askia Mohamed, lequel atteignit en 1512 l'apogée de sa gloire. L'empire couvrait alors, en plus du Mali actuel, le sud de la Mauritanie, l'est du Sénégal, la république du Niger jusqu'à Agadès ainsi que le nord du Dahomey et du Nigeria.

À ceux qui prétendent nous en apprendre sur le commerce, la gestion urbaine et l'administration à travers des projets parachutés et budgétivores, il convient de rappeler que Tombouctou et Djenné étaient au XVIe siècle des métropoles commerciales et intellectuelles qui préparaient, dans leurs universités, les lettrés et les érudits ainsi que les cadres de l'administration impériale. Le fleuve Niger, aujourd'hui pollué et encombré, a par le passé joué un rôle capital dans la circulation des hommes, des idées, des biens et des

1. Joseph Ki Zerbo (2001).

services. Les habitants de Djenné avaient conçu des maisons de commerce, au sens moderne du terme, avec des rouages semblables et un personnel généralement composé de parents, de captifs ou d'hommes libres qui avaient besoin de gagner leur vie. Ces maisons avaient des succursales à Tombouctou et des représentants ambulants qui touchaient un pourcentage sur les affaires qu'ils concluaient. Les vastes demeures à étages de Djenné comportaient au rez-de-chaussée des entrepôts spacieux dans lesquels se négociaient les denrées les plus diverses : riz, mil, beurre de karité, arachide, piment, tamarin, poisson séché, oignons, pains d'indigo, noix de cola, farine de néré, pains de singe, feuilles de baobab, barres de fer (venues du pays mossi), plumes d'autruche, ivoire, or vierge, musc de civette, cuirs secs, plombs et bracelets en marbre provenant des monts Hombori, antimoine de même provenance (pour le contour des yeux des femmes), tissus indigènes, blancs et colorés, communs et fins, en coton et en laine du Macina... À cette impressionnante liste s'ajoutait un bien dont la commercialisation constitue aujourd'hui l'un des aspects les plus traumatisants de notre histoire : les esclaves.

Le déclin de l'Empire songhoï de Gao coïncida avec l'émergence et l'épanouissement des royaumes bamanan de Ségou et du Kaarta (XVIIe-XIXe siècle). L'une de leurs principales caractéristiques était l'organisation en classes d'âge, dont les membres jouissaient des mêmes droits, sans distinction d'origine ni de statut. Le royaume peul du Macina qui vit le jour au XIXe siècle à la faveur de la guerre sainte dans le delta central du Niger était, quant à lui, une théocratie qui diffusa l'islam du temps de Sékou Amadou et de ses successeurs. Pendant ce temps, les Français avançaient. El Hadj Omar (1797-1864), à l'origine de l'Empire toucouleur, fut le premier à leur tenir tête en 1856. L'ère de la confrontation avec l'Occident venait de sonner.

Avant de forcer nos portes et de s'imposer comme maître et guide, la France a usé d'arguments qui sont toujours d'actualité : l'amitié et le commerce. Elle a fait signer à des chefs traditionnels qui ne savaient ni lire ni écrire des traités qui prononçaient leur arrêt de mort, notamment à de petits États et confédérations de villages qui voulaient échapper à l'emprise de Samory Touré et d'Amadou Sékou. « Nous étions attendus avec impatience par ces populations qui trouvaient en nous un puissant protecteur contre ceux qui les opprimaient, et nous étions maîtres sans coup férir de l'immense pays qui va de Bafoulabé au Niger[1]. » Quant aux résistants qui font aujourd'hui l'orgueil de l'Afrique contemporaine, le commandant supérieur du Soudan français écrivait ce qui suit au capitaine Peroz à leur propos : « J'ai l'opinion que nous devons avoir dans le Soudan une politique qui nous soit propre, sans tenir compte pas plus d'Amadou que de Samory. L'un et l'autre n'accepteront jamais nos idées, c'est un fait acquis. Nous pouvons, à un moment donné, chercher à entrer en relation avec l'un ou l'autre, mais notre règle doit être de faire ce qui nous paraît nécessaire pour l'extension de notre influence et de notre commerce au Soudan[2]. »

N'y a-t-il pas de quoi être effaré lorsque l'on rapproche toutes ces réalités historiques des mécanismes actuels de la coopération au développement, par le truchement desquels des dirigeants africains – comble de l'ironie – qui, eux, savent parfaitement lire et écrire, signent des arrangements condamnant la grande majorité de leurs administrés à la misère, à l'exclusion et à l'exil ?

---

1. Archives du Sénégal, cote 1 D 169.
2. Archives du Sénégal, cote 1 D 107.

14

Liés d'amour

« Plus jamais ça » pour les uns, et c'est justice ; « encore et encore, comme avant et maintenant et tant qu'il faudra » pour d'autres, et c'est le paradigme même de l'injustice.

Louis SALA-MOLINS

Une autre Afrique est possible, une Afrique réconciliée avec elle-même, disposant pleinement de sa faculté de penser son propre avenir et de produire du sens, une Afrique qui aura mis un terme au viol de l'imaginaire. Le mouvement social mondial, parce qu'il est respectueux des peuples, de tous les peuples, est la seule plate-forme qui permette à l'heure actuelle à notre continent de caresser à nouveau ce rêve d'une vie sans chaînes, sans humiliation, et de renouer avec ses luttes d'antan. Les Nations unies nous offriront à leur tour cette liberté, comme par le passé, lorsqu'elles se seront débarrassées du diktat des grandes puissances et des institutions financières.

En Occident, le mouvement écologiste effectue un travail remarquable et salutaire d'interpellation des États et des transnationales. C'est précisément ce qui fait défaut à l'Afrique, dont les forêts, les eaux, les sols et les sous-sols sont pillés et pollués. Les délocalisations, outre les salaires de misère, engendrent la pollution en toute impunité puisque, dans nos pays, les règlements, quand ils existent, sont vite contournés : il suffit pour cela de quelques dessous-de-table et/ou de quelques calculs politiciens. Si l'on ajoute à ce tableau les voitures d'occasion importées de l'Occident qui n'en veut plus, les médicaments périmés, les cigarettes au taux de nicotine élevé, on a un petit aperçu des raisons qui plaident pour une participation plus active au mouvement de défense et de protection de l'environnement. Les maladies respiratoires dues à la pollution et au tabagisme sont en effet d'autres fléaux qui tuent par dizaines de milliers, sans que les pouvoirs publics leur accordent toute l'importance requise.

L'annulation totale et immédiate de la dette extérieure de l'Afrique sans compromis ni compromissions politiques est un champ de réflexion et d'action tout aussi prioritaire. Nombreux sont, malheureusement, les Africain(e)s qui ont bien assimilé le discours de la communauté des créanciers, qui vise à faire de l'incapacité de nos dirigeants à gérer correctement les finances publiques une tare congénitale. Cet argument n'est naturellement pas recevable. L'annulation de la dette doit être l'affaire de la société civile qui, dans le même temps, doit se donner les moyens de contrôler rigoureusement les pouvoirs publics dans la gestion et l'allocation des ressources.

La réforme du Fonds monétaire international et de la Banque mondiale dans un but de réduction de leur pouvoir (de nuisance) est un préalable nécessaire aux changements d'orientation qui viennent d'être évoqués. Les motivations et les modalités pratiques de cette réforme politique ont fait l'objet, de la part de certaines ONG, de travaux dont nous devons nous imprégner en Afrique en vue d'y apporter notre contribution.

J'estime, pour ma part, que le continent noir et d'autres régions du Sud sont en droit de poursuivre les IFI pour crimes économiques tant les préjudices moraux, sociaux et politiques subis par les populations dans le cadre des programmes d'ajustement structurel sont graves et difficilement réparables. L'instance devant laquelle ils pourraient porter plainte est à imaginer et à créer. En attendant que ces institutions reconnaissent ouvertement leur part de responsabilité dans l'échec des politiques de développement en Afrique, je me permets d'insister sur le fait qu'elles sont d'ores et déjà disqualifiées dans la lutte contre le terrorisme international dans la mesure où elles créent elles-mêmes les situations chaotiques dont les violences tapageusement combattues à l'heure actuelle sont parmi les expressions les plus parlantes.

La réforme de l'OMC est tout aussi indispensable. C'est en privant de médicaments les malades africains, qui sont condamnés à mourir, que l'OMC a le plus frappé les esprits dans le monde, et plus particulièrement en Afrique. L'Accord sur les droits de propriété intellectuelle en rapport avec le commerce (ADPIC) viole purement et simplement le droit à la vie[1]. Le dossier sur l'agriculture est lui aussi édifiant quant à la nature du système néolibéral : l'Union européenne et les États-Unis accordent chaque année sous

1. À Doha, en novembre 2001, lors de la dernière conférence interministérielle de l'OMC, quelques avancées ont été réalisées en matière d'accès aux médicaments : le moratoire relatif à l'entrée en vigueur de l'ADPIC sur la santé a été prolongé de dix ans pour les pays les moins avancés. Mais les nations industrialisées, notamment l'Europe des Quinze et les États-Unis, n'ont pas voulu remettre en question le principe des brevets qui est à l'avantage de leurs industries pharmaceutiques.

diverses formes quelque 380 milliards de dollars de primes et de subventions à leurs paysans pendant que l'OMC interdit au reste du monde de soutenir sa production et son exportation. C'est ainsi que le riz, les tomates et certains fruits produits sous nos cieux reviennent plus cher aux consommateurs africains que les mêmes produits importés d'Europe ou des États-Unis.

De nombreux autres aspects de notre existence sont régis par les accords de l'OMC : l'environnement, les services (eau, énergie, déchets, etc.), le textile… C'est pourquoi il est crucial que le mouvement social africain prenne une plus grande part dans la difficile bataille que les citoyens du monde ont commencé à livrer à cette organisation. L'axe d'intervention d'ATTAC – l'un des acteurs majeurs du mouvement social mondial –, qui consiste dans la taxation des flux financiers, est bien entendu tout à fait pertinent en Afrique, qui exporte plus de capitaux qu'elle n'en reçoit. Nos pays, poreux, sont également des terrains propices au blanchiment d'argent et à l'élargissement du marché des jeux de hasard, ce fourre-tout politico-financier.

La lutte pour une autre Afrique est donc une entreprise colossale, difficile et de longue haleine, un véritable défi à l'imagination, à la créativité et à la solidarité. J'estime, au regard de ces exigences, que le mouvement social dans son ensemble se doit d'explorer un autre axe d'intervention : la culture. Car, comme je l'ai déjà souligné, en même temps qu'il détruit nos cultures, le système engendre la sienne propre. La quête d'alternatives doit donc procéder d'un changement de culture.

Mais il convient d'être vigilants car la culture a elle aussi ses intégristes – qui la veulent figée, fermée à toute influence extérieure –, et ses ultralibéraux – qui ne la conçoivent que sous l'angle de la marchandisation. Les politiques culturelles de nos États, trop sectorielles, trop timides et trop élitistes, se sont jusqu'ici contentées de rendre hommage aux grandes figures de l'Histoire, sans prise en compte véritable des valeurs que celles-ci prônaient. Mais cette attitude de conservation et de protection du patrimoine ne nourrit pas l'esprit, ne stimule pas la créativité. La notion de culture dont l'humanité a le plus besoin aujourd'hui ne s'accommode ni de l'enfermement, ni du dévoiement. C'est une culture plurielle, ouverte, dynamique, créatrice de richesses matérielles, d'émotions vraies, de liens d'amour.

Dans sa réponse à Albert Einstein, qui lui demandait dans une correspondance en date du 30 juillet 1932 « Pourquoi la guerre ? », Sigmund Freud parle de culture et de paix dans une perspective qui reste d'actualité :

> « [Depuis] des temps immémoriaux, l'humanité subit le phénomène du développement de la culture. (D'aucuns préfèrent, je le sais, user ici du terme civilisation.) C'est à ce phénomène que nous devons le meilleur de ce dont nous sommes faits et une bonne part de ce dont nous souffrons [...]. Au nombre des caractères psychologiques de la culture, il en est deux qui apparaissent comme plus importants : l'affermissement de l'intellect, qui tend à maîtriser la vie constructive, et la réversion intérieure du penchant agressif avec toutes ses conséquences favorables et dangereuses. Or les conceptions psychiques vers lesquelles l'évolution de la culture nous entraîne se trouvent heurtées de la manière la plus vive par la guerre, et c'est pour cela que nous devons nous insurger contre elle ; nous ne pouvons simplement plus du tout la supporter [...]. Et il semble bien que les dégradations esthétiques que comporte la guerre ne comptent pas pour beaucoup moins, dans notre indignation, que les atrocités qu'elle suscite. Et maintenant, combien de temps faudrait-il encore pour que les autres deviennent pacifistes à leur tour[1] ? »

Nous voici, en 2002, confrontés à la même lancinante et douloureuse question. Sigmund Freud conclut qu'il ne saurait y répondre et ajoute que, « en attendant [...], tout ce qui travaille à la culture travaille aussi contre la guerre[1] ».

Omniprésente et omnisciente, la Banque mondiale s'imagine qu'elle a un rôle à jouer dans ce secteur à la fois précieux et fragile, auquel elle a déjà porté de graves préjudices en voulant transformer nos sociétés coûte que coûte à travers les PAS. Sans changer de méthode, telle un éléphant dans un magasin de porcelaines, elle agit à coups d'investissements dans les infrastructures (routes et bâtiments) et à coups de contrats, qui profitent davantage aux spécialistes du Nord qu'aux acteurs culturels africains, lesquels seront pourtant contraints de rembourser les emprunts contractés.

Personne ne peut développer l'Afrique mieux que nous-mêmes, par cette approche alternative de la culture qui fait appel à la mémoire, à l'estime, au respect et à la confiance. Il ne s'agit pas de rejeter l'Autre ou tout apport extérieur, mais de disposer du temps et de l'espace requis pour identifier et reconstruire les éléments épars de notre moi éclaté. C'est en étant en paix avec nous-mêmes que nous contribuerons à la diversité créatrice. Certaines composantes de la société, en Afrique, sont capables de s'investir avec beaucoup d'entrain. Ce sont autant de catégories sociales libres ; victimes de toutes les dictatures, elles n'ont rien à perdre mais tout à gagner dans un changement radical de perspective.

Les artistes africains, modernes ou traditionnels, en font partie. Ils sont des gardiens, des producteurs et des porteurs de liens et de sens – de véritables magiciens qui nous lient

1. Sigmund Freud (1993).

1. *Ibid.*

d'amour avec nous-mêmes et avec le reste du monde. Ils démentent les diagnostics des experts et théoriciens néolibéraux au sujet de la pauvreté de l'Afrique, et sont de ce fait par nature dans la contestation. Ce sont les meilleurs artisans de l'autre Afrique.

Ensemble, nous rêvons désormais de l'Afrique telle que nous aurions voulu qu'elle soit, telle qu'elle aurait pu être, n'eussent été les violences de l'Histoire, et telle qu'elle pourra devenir au XXIe siècle si nous assumons pleinement notre responsabilité. Les obstacles à franchir sont certes gigantesques, mais pas insurmontables si, en même temps que les organisations citoyennes, les médias, les écoles, les universités, les parlements, les partis politiques se mobilisent, résistent et regardent dans la même direction : l'avenir.

Nous sommes en 2015, en pays dogon, chez Altina. Le ciel bleu indigo est perlé d'étoiles qui, de leur lumière, inondent les falaises, les plaines, les vallées ainsi que les cœurs. Les anciens racontent que, par le passé, le ciel n'était pas si haut et que les femmes, pour amuser leurs enfants, cueillaient les étoiles pour les leur offrir[1]. De fait, que ne ferions-nous pas pour eux ? Ici, une femme qui a des enfants se sent riche. Procréer, c'est survivre à soi-même, assurer la pérennité du groupe, vaincre la mort. D'où l'insupportable douleur d'Altina après la perte de ses deux enfants.

Des espaces de dialogue et d'éducation civique, économique et politique existent dans chaque localité ; les échanges de vues ont lieu, la plupart du temps, dans les langues nationales. Ils permettent à l'ensemble de la popu-

1. Cette belle image est rendue cinématographiquement par Adama Drabo dans son film *Tafé Fanga* (« Le pouvoir du pagne »).

lation, notamment aux femmes, aux jeunes et aux ruraux, de s'imprégner de l'état des lieux, de connaître les acteurs, les rôles et les responsabilités. Chacun peut exprimer son point de vue et participer activement aux prises de décisions.

Dans toutes les communes, les liens sociaux se consolident entre les individus et au niveau des communautés. Il se crée un environnement social et politique favorable au retour et à la réinsertion sociale et professionnelle de ceux et celles qui avaient dû partir. Le mari d'Altina, qui a voulu faire fortune à l'étranger mais n'y est pas parvenu, est de ceux-là. Avec sa femme, ils ont regagné Songo, leur village. Ils n'ont pas d'argent, ils ont perdu deux de leurs enfants, mais ils ont appris des choses, pour eux-mêmes, pour ceux et celles qui sont restés au village et pour les générations futures. Ils n'auront pas souffert en vain.

Le village, qui, en leur absence, a subi la sécheresse et l'invasion des sauterelles, sait désormais comment combattre le virus du sida, le paludisme et d'autres maladies endémiques. Les limites de l'initiative PPTE ont été reconnues et ont amené gouvernants et gouvernés à la remettre en question.

Par affinités, des groupements se constituent, et les associations existantes sont redynamisées. Dans les assemblées locales, les relations entre hommes et femmes, jeunes et vieux, entre ethnies et religions différentes sont réexaminées, les préjugés sont combattus, les discriminations découragées et les conflits désamorcés. Le travail est réhabilité dans le cadre de l'économie réelle, celle qui permet aux populations de tirer de leur environnement, tout en le ménageant, les biens nécessaires à la satisfaction de leurs besoins. Les champs, les pâturages où paissent les bêtes, les cours d'eau, les forêts, les jardins potagers offrent céréales, tubercules, viande, lait, poisson, fruits et légumes en abondance. La productivité est accrue grâce à l'exploitation effective d'acquis scientifiques et technologiques à faible coût respectueux de la santé et de l'environnement.

L'accès à l'éducation, à la formation professionnelle, aux soins de santé et à l'eau potable est garanti par un État reconsidéré, devenu bon gestionnaire, employant des travailleurs motivés car mieux rémunérés et jouissant de leurs droits. La contribution des communautés aux coûts des services est calculée en fonction de leurs moyens. Les nouveaux emprunts de l'État et leur allocation sont décidés en toute transparence et gérés rigoureusement par des dirigeants désormais conscients que, parvenue à un certain niveau de maturité politique, la société civile peut sanctionner leurs choix et leurs actes par le vote. Et, de fait, les membres de la communauté, en citoyens avertis, savent décoder les mots clés et réfuter les mots d'ordre. La dilapidation des ressources dans des dépenses de prestige (châteaux, monuments, manifestations grandioses...) est vivement critiquée et découragée par la société civile et la presse, laquelle joue son rôle sur la base d'informations vérifiables et crédibles.

Les populations vivent et travaillent dans un environnement sain depuis que le lien entre le manque d'hygiène et certaines maladies a été clairement établi et rendu public. Grâce à l'information et à l'éducation, les campagnes de vaccination, massives et systématiques, ont permis de sauver des centaines de milliers d'enfants.

Périodiquement, villages, quartiers et lieux de travail sont assainis, les collectivités locales assistent les populations dans la collecte et l'évacuation des déchets. Ceux-ci sont triés, recyclés ou éliminés. Les arbres sont entretenus, de nouveaux pieds sont plantés. Les habitations font l'objet d'entretiens saisonniers, les édifices publics comme les maisons de particuliers sont bâtis avec des matériaux adaptés et bon marché grâce à des architectes qui valorisent les savoir-faire locaux en étroite collaboration avec les maçons, les menuisiers, les forgerons. Les infrastructures – routes, barrages, ponts, aéroports, bâtiments publics – sont bien entretenus et réhabilités en raison de leur appropriation par les populations, maintenant au fait de leur importance, de leur coût, de leur mode de financement et des modalités de remboursement.

Les nations riches, le FMI, la Banque mondiale et l'Organisation mondiale du commerce – ces trois institutions ayant été réformées – ont enfin pris conscience de la gravité de la situation dans l'hémisphère Sud, et plus particulièrement en Afrique. Les maîtres du monde perçoivent maintenant clairement l'effet boomerang des choix macroéconomiques qu'ils imposent au reste de la planète. Leur pouvoir est d'autant plus limité que les citoyens et citoyennes du Sud savent évaluer et éventuellement dénoncer leurs actions.

Un secteur privé national et régional émerge dans le cadre de l'Union africaine et de programmes de développement largement concertés et réellement profitables au plus grand nombre. Il n'est pas inféodé au capital mondial ni gangrené par la corruption ou la politique politicienne. Le souci de promouvoir la production et l'emploi dans le respect de l'environnement et des écosystèmes l'emporte sur la course au profit. Les consommateurs africains sont informés des enjeux économiques, sociaux, politiques et écologiques des choix qu'ils opèrent.

Les nouvelles technologies de l'information, au lieu d'ajouter à l'aliénation et à la surconsommation, servent ce projet global de libération de l'Afrique. Au lieu de faire miroiter des modes de vie inaccessibles et qui frustrent les jeunes, elles véhiculent des connaissances qui répondent aux besoins réels de toutes les couches sociales, contribuent à affermir leur maturité politique.

Altina n'était pas à Porto Alegre en janvier 2001. J'y suis allée pour moi, mais aussi pour elle et ses semblables. M'avait-elle mandatée ? Elle l'aurait fait, j'en suis persuadée, si elle avait su que notre destin de femmes, qui se confond avec celui de nos enfants, de notre pays et de notre continent, est scellé au niveau du G8 et des institutions de Bretton Woods. Un jour, tous les habitants d'Afrique s'imprégneront de l'ensemble des causes de notre martyre. C'est dans cet espoir que mon compatriote Massa Makan Diabaté a écrit ce qui suit à son ami du Nord, Michel Verret :

Un jour tu viendras dans une Afrique
Retrouvée
Sur l'esplanade une ville
Éclatée dans les terres mouillées
Des pleurs de nos femmes
Tu viendras dans une Afrique
Retrouvée
Sous le baobab il y aura des hommes
Des hommes sortis des terres mouillées
Des pleurs de nos mères
Il y aura des chants
Les chants du travail de nos terres
et des rires
les rires du pain
Pour mon frère au visage de sueur

Liste des sigles utilisés

ACP : Afrique, Caraïbes, Pacifique
AFARD : Association des femmes africaines pour la recherche et le développement
AGETIPE : Agences d'exécution de travaux d'intérêt public pour l'emploi
AGOA : African Growth and Opportunity Act (Loi sur la croissance et les possibilités économiques en Afrique)
AID : Agence internationale pour le développement (en anglais : IDA)
APD : Aide publique au développement
ATTAC : Association pour une taxation des transactions financières pour l'aide au citoyen
BIRD : Banque internationale pour la reconstruction et le développement
CMDT : Compagnie malienne de développement textile
CNUCED : Conférence des Nations unies sur le commerce et le développement
CSLP : Cadres stratégiques de lutte contre la pauvreté
EDM : Énergie du Mali
EPA : Établissements publics à caractère administratif
FMI : Fonds monétaire international
IDA : voir AID
IFI : Institutions financières internationales
IOTA : Institut d'ophtalmologie tropical d'Afrique
MAP : Millenium African Renaissance Program (Programme du millenium pour la renaissance de l'Afrique)
NPAD : Nouveau partenariat pour le développement de l'Afrique
NTI : Nouvelles technologies de l'information
OMATHO : Office malien du tourisme et de l'hôtellerie
OMC : Organisation mondiale du commerce
ONG : Organisation non gouvernementale

PAS : Programme d'ajustement structurel
PMA : Pays moins avancés
PNUD : Programme des Nations unies pour le développement
PPTE : Pays pauvres très endettés
PRODEC : Programme décennal de développement de l'éducation
PRODESS : Programme décennal de développement sociosanitaire
PROWWESS : Promotion of the Role of Women in Water and Environmental Sanitation Services
SFI : Société financière internationale
SOMIEX : Société malienne d'importation et d'exportation
TICAD : Tokyo International Conference for Africa's Development (Conférence internationale de Tokyo pour le développement de l'Afrique)
USAID : US Agency for International Development (Agence des États-Unis pour le développement international)

Bibliographie

Amin, Samir (2001), « La société civile dans les ACP face au défi de la mondialisation », communication au Forum du Tiers-Monde.

Archives du Sénégal, cote 1 D 107, *in* note manuscrite du professeur Bakari Kamian.

Archives du Sénégal, cote 1 D 169, dossier n° 8, colonel Régis Desbordes, *Cahiers et notes sur Samory Touré, in* note manuscrite du professeur Bakari Kamian.

ATTAC (2000), *FMI : les peuples entrent en résistance,* Paris, Syllepse.

Carrère, Charles et Sall, Amadou Lamine (1990), *Nouvelle anthologie de la poésie nègre et malgache,* Luxembourg, Simoncini.

Césaire, Aimé (1971), *Cahier d'un retour au pays natal*, Paris, Présence africaine.

Césaire, Aimé (1989), *Discours sur le colonialisme*, Paris, Présence africaine.

CNUCED (2001), *Le développement économique en Afrique : Bilan, perspectives et choix des politiques économiques*, New York et Genève.

Dia, Mamadou (2001), « Traite des Noirs et réparation », communication au Symposium de Dakar sur l'initiative de Gorée, 26-28 juin.

Dieng, Amady Aly (1998), « L'abolition de l'esclavage dans les colonies françaises : d'une communication à l'autre », in *Cent cinquantenaire de l'abolition de l'esclavage, hommage à Oumar Ba*, Paris, p. 20-30.

Fanon, Frantz (1964), *Pour la révolution africaine*, Paris, François Maspero.

Fanon, Frantz (1966), *Les Damnés de la terre*, Paris, François Maspero.

Freud, Sigmund (1993), « Sigmund Freud écrit à Albert Einstein : Pourquoi la guerre ? », *Le Courrier de l'Unesco,* mars.

George, Susan (1992), *L'Effet boomerang : choc en retour de la dette du Tiers-Monde*, Paris, La Découverte.

Grzybowski, Candido (2001), « ONG : une pensée et un contre-pouvoir », *Le Courrier de l'Unesco,* septembre, p. 35-36.

Hampâté Bâ, Amadou (1970), « Les religions africaines comme sources de valeur de civilisation », communication au colloque de Cotonou, 16-22 août.

Hampâté Bâ, Amadou (1995), *Aspects de la civilisation africaine*, Paris, Présence africaine.

Interfrance Media (1999), « Le Mali », 27 mars.

Jeune Afrique L'Intelligent (2001), n° 2108, du 5 au 11 juin.

Ki Zerbo, Joseph *et al.* (1989), « La natte des autres : pour un développement endogène en Afrique », *in* Actes du colloque du Centre de recherches pour le développement endogène (CRDE), Bamako.

Ki Zerbo, Joseph (2001), « De la traite des Noirs dans le commerce transatlantique : point de départ de l'inclusion/exclusion de l'Afrique », communication à la conférence mondiale contre le racisme de Durban, septembre.

Konan Bédié, Henri (1991), « Allocution lors de la table ronde Nord-Sud sur le recouvrement de la dette africaine et la démocratie », *Revue africaine de développement*, BAD, vol. 3, n° 2.

Le Monde (2001), « Les antimondialistes secouent la gauche », 28 août.

Mbokolo, Elikia (2001), « La dimension africaine de la traite des Noirs », *Manière de voir (Le Monde diplomatique)*, juillet-août.

Mémoire du Mali (2001), présenté par le gouvernement malien à la troisième Conférence des Nations unies sur les Pays les moins avancés, Bruxelles, 14-20 mai.

Ministère de la Culture et du Tourisme (1998), *Maaya. Rapport de la consultation nationale sur la culture et le tourisme*, Bamako.

Ministère de l'Économie, du Plan et de l'Intégration (1999), « Mission de revue des mesures envisagées dans le cadre de l'initiative de la dette des Pays pauvres très endettés (PPTE), *Aide-mémoire conjoint Banque mondiale et Fonds monétaire international*, octobre-novembre.

Niane, Djibril Tamsir (2001), « De la traite négrière et de l'esclavage : l'Afrique noire exige réparation », communication à la conférence mondiale contre le racisme de Durban, septembre.

Passet, René (2001), *Éloge du mondialisme par un « anti » présumé*, Paris, Fayard.

Plumelle Uribe, Rosa Amelia (2001), *La Férocité blanche : des non-Blancs aux non-Aryens, ces génocides occultés de 1492 à nos jours*, Paris, Albin Michel.

Rahnema, Majid (à paraître), *Une archéologie de la pauvreté*, Paris, Fayard.

Roy, Jean-Louis (2000), *Une nouvelle Afrique : à l'aube du XXIe siècle*, Paris, Maisonneuve et Larose.

Traoré, Aminata D. (1999), *L'Étau. L'Afrique dans un monde sans frontières*, Arles, Actes Sud.

Touré, Drissa (2001), « Le concept de la réparation en matière d'éthique, de morale et d'idée de pardon », communication au Symposium de Dakar sur l'initiative de Gorée, 26-28 juin.

Toussaint, Eric (1998), *La Bourse ou la Vie : la finance contre les peuples*, Paris/Bruxelles, Syllepse/L. Pire CETIM.

Toussaint, Eric et Zacharie, Arnaud (dir.) (2001), *Afrique : abolir la dette pour libérer le développement*, Paris/Bruxelles, Syllepse/CADTM.

Trouillot, Michel Rolph (2000), « Esclavage et colonisation, des silences assourdissants », *Le Monde*, novembre.

Table des matières

Achevé d'imprimer en janvier 2002
sur presse Cameron,
dans les ateliers de
Bussière Camedan Imprimeries
à Saint-Amand-Montrond (Cher)

35-57-1343-02/9

ISBN 2-213-61114-2

Dépôt légal : janvier 2002.
N° d'Édition : 19888. – N° d'Impression : 020499/4.

Imprimé en France